CONTRA TRUMP

CONTRA TRUMP

Panfleto urgente

JORGE VOLPI

Contra Trump
Panfleto urgente

Primera edición: agosto, 2017

D. R. © 2017, Jorge Volpi

D. R. © 2017, derechos de edición mundiales en lengua castellana:
Penguin Random House Grupo Editorial, S. A. de C. V.
Blvd. Miguel de Cervantes Saavedra núm. 301, 1er piso,
colonia Granada, delegación Miguel Hidalgo, C. P. 11520,
Ciudad de México

www.megustaleer.com.mx

ISBN: 978-607-315-750-6
Impreso en México – *Printed in Mexico*

El papel utilizado para la impresión de este libro ha sido fabricado a partir de madera procedente
de bosques y plantaciones gestionadas con los más altos estándares ambientales, garantizando
una explotación de los recursos sostenible con el medio ambiente y beneficiosa para las personas.

Para Rocío, Rodrigo y Diego,
y para Eloy, Pedro y sus familias,
que viven con el monstruo

Índice

Et tout homme est soldat contre la tyrannie.

VOLTAIRE, *Sophon*, 3, II

Advertencia

Tras constatar los desmanes llevados a cabo por el presidente George W. Bush durante las invasiones de Afganistán e Irak, entre los que destacó el uso abierto de la tortura —documentada en las imágenes de la prisión de Abu Ghraib—, y de atestiguar la banalidad y la torpeza de su gobierno, Carlos Fuentes reunió en un pequeño libro sus artículos sobre esta lamentable figura, al cual tituló, haciéndose eco de la rica tradición panfletaria que nos llega desde la antigüedad clásica, *Contra Bush* (2004). La muerte de Fuentes, a fines de 2012, le impidió observar el ascenso al poder de un fantoche aún más pernicioso y lamentable que el segundo Bush. Ni siquiera alguien con la capacidad fabuladora y la pasión por lo grotesco como Fuentes podría haber imaginado que un demagogo sin escrúpulos, que de no haber nacido en Nueva York podría haber surgido de la más rocambolesca novela de caudillos del *Boom*, iba a conquistar la Casa Blanca con la decisión de imponer un régimen autoritario y xenófobo que sólo la corrección política impediría llamar fascista. Las páginas que siguen, apresuradas y urgentes, publicados en la prensa entre 2016 y 2017, aspiran a prolongar la desazón de Fuentes y a recordar a sus eventuales lectores el peligro extremo que Donald Trump representa para México y para nuestra civilización.

13

1

El 21 de junio de 2016, Donald Trump gana oficialmente la nomina-
ción como candidato del Partido Republicano. Nadie quería creerlo hasta
que ocurrió. Pero la negación volvió a imponerse y, una vez más, analistas
y medios aseguraron que a la postre sería derrotado por Hillary Clinton.
Un hombre como él jamás llegaría a ser presidente de Estados Unidos, la
más antigua democracia del planeta. No es necesario insistir, a toro pasa-
do, en la magnitud de su error.

¿Cómo pudo ocurrir algo así? Si uno hojea los diarios estadounidenses o escucha el sinfín de tertulias televisivas donde se comen-
tan las primarias, esta pregunta se repite una y otra vez en voz
de comentaristas liberales y conservadores, demócratas y republicanos. ¿Cómo es posible que en Estados Unidos, que se jacta de
ser la democracia más sólida y antigua del orbe, un sujeto como
Donald Trump se haya convertido en el candidato a la presidencia
del Grand Old Party, el partido de Lincoln? Como en el ascenso
de todos los demagogos, la sorpresa debe ser tomada con reservas.

Los signos estaban allí, sólo que la mayoría o al menos la mayoría de los miembros del *establishment* no quiso verlos. Si el elegido por las bases republicanas carece de toda experiencia política
o de una ideología reconocible fuera de sus ansias de poder —por
no repetir las críticas a su estilo zafio y vulgar—, se debe justo a ese
establishment que hoy se rasga las vestiduras y se muestra azorado
por su victoria. Los grandes culpables de esta vergüenza nacional

—que ya es una amenaza global— son la clase política republicana y sus aliados en los medios.

Las épocas de zozobra económica y política son propicias para que figuras dotadas con una retórica expansiva, un don para manipular a las masas y una imagen de rebeldes o *outsiders* recojan la ansiedad de amplios sectores de la población, se asuman como sus paladines y asalten el poder presentándose como sus salvadores. Ocurrió en la Italia de los años veinte y la Alemania de los treinta del siglo pasado y, más cerca de nosotros, en Ecuador o Venezuela. Lo extravagante aquí es que, si bien no se atrevió a reformar drásticamente el sistema, Barack Obama consiguió estabilizar la economía y revertir un poco la desigualdad acentuada en decenios de gobiernos neoliberales.

Haciéndose eco de la polémica frase de Aznar, Obama pudo decir al final de su mandato: "Estados Unidos va bien". Todos los indicadores lo confirman. ¿Y entonces por qué hay millones de desencantados? ¿Por qué el estadounidense medio se siente tan abatido, tan traicionado o tan desalentado ante el futuro como para entregarle su gobierno a Trump?

La respuesta está otra vez en los políticos republicanos y sus medios afiliados que, a lo largo de estos años —y ya desde las épocas de Clinton—, no han hecho sino difundir una imagen del país que no corresponde con los hechos.

Anclados en su odio a la izquierda (a los liberales, en el lenguaje político local), a los Clinton y a Obama —el componente racial nunca se ha borrado—, han mentido sin tregua, dibujando unos Estados Unidos que no existen. Unos Estados Unidos que, para muchos hombres blancos protestantes, luce al borde del abismo.

Esta política del resentimiento, que presenta a los demócratas como demonios que sólo buscan limitar las iniciativas de los mejores —según el modelo diseñado por Ayn Rand—, provocó primero el ascenso del Tea Party, que obligó al Partido Republicano a escorarse a la derecha y a negar cualquier acuerdo con los demócratas. Esos mismos radicales no sólo ungieron o vetaron candidatos, sino que convirtieron su discurso radical e intransigente en el discurso mayoritario de los republicanos. Nadie que aspirara a una posición de poder ha dejado de cortejarlos.

En ese ambiente en el que los WASP (*white anglo-saxon protestant*) han acabado por sentirse humillados y en peligro —en especial por la coalición de mujeres-jóvenes-negros-latinos fraguada por Obama—, la elección de Trump casi parecería natural. Aunque es difícil creer que tenga una sola convicción firme, el empresario encarna esa suma de miedo y odio que caracteriza a los demagogos (y lo acerca tanto a los ultras europeos): miedo a unos Estados Unidos liberales y multirraciales y odio a los extraños que buscan desposeerlos, sean mexicanos o musulmanes.

Trump no es una anomalía: es la consecuencia natural de esta acumulación de mentiras republicanas.

En 1872, Jacques Offenbach estrenó en el Teatro de la Gaité su opereta *Le roi Carotte*. En esta pieza humorística, un grupo de radicales desencantados con el gobierno de su príncipe lleva al poder a una monstruosa y grotesca zanahoria humana. Tras unos meses de gobierno, todos se dan cuenta de su error y a la postre lo derrocan.

Por desgracia, no vivimos en una comedia y no podemos darnos el lujo de que el país más poderoso del planeta sea gobernado por un adefesio que ha revitalizado el racismo, el sexismo, el miedo y el odio a los otros.

2

Todo demagogo necesita un enemigo. En la Alemania nazi fueron los judíos (y en menor medida los gitanos y los comunistas y los eslavos y los homosexuales). Desde el inicio de su campaña, Trump eligió a los suyos: los inmigrantes sin papeles. Mexicanos, centroamericanos, latinoamericanos. Bad *hombres.* Criminales y violadores. *Y decidió que su gran promesa sería expulsar a millones e impedir, con la construcción de un Muro, que estos parias sigan contaminando su hermoso país.*

Cuando escuchamos cómo se habla de ellos, casi parecerían iguales. Idénticos unos a otros. Intercambiables. Y, por tanto, desechables. Cuerpos al garete, sin identidad y sin nombre, apenas con una mochila al hombro, un par de zapatos, un maltrecho documento de identidad, desplazándose lastimosamente por mar o tierra. Hombres, mujeres y niños anónimos, extraviados, dispuestos a lo imposible —atravesar el océano a nado o en una barcaza, cruzar bosques o desiertos, esconderse de los perros, huir de los policías o los *rangers* que los cazan— con tal de escapar del hambre, de la guerra o, simplemente, de la desesperanza. Los políticos los ven y piensan: una amenaza. Y no pierden la ocasión de utilizarlos en su favor.

Son los mexicanos (y otros latinoamericanos) en Estados Unidos, a los que ahora no sólo Donald Trump, sino sus millones de simpatizantes, y también la mayoría de los republicanos —¿una tercera parte del país?— observa con recelo, si no con odio. Poco importa que esos seres peligrosos sean quienes los atiendan en

19

bares y restaurantes, preparan sus alimentos, cultiven sus hortalizas o cuiden de sus niños: si piensan en ellos en conjunto, sienten miedo. Y si el político en turno afirma que son delincuentes y violadores, por alguna razón será, y entonces se impone contener su avance (con un muro pagado, además, por ellos mismos) y expulsar a los que ya se encuentran *adentro*.

También son los centroamericanos en México, vejados, ultrajados y asesinados mientras se desplazan hacia el Norte, en busca de ese mismo paraíso imaginado por los narcotraficantes o los criminales que los esclavizan, los torturan o los violan.

Son todos aquellos que huyen de conflictos armados en África, Medio Oriente o Asia, y quienes escapan, en los mismos lugares, de persecuciones políticas o religiosas.

Y son, desde luego, los millones de sirios que intentan sustraerse a la violencia del gobierno de Bachar el-Assad o de los rebeldes que se le oponen y se internan en Turquía, en Grecia o Italia, y luego en el resto de Europa en busca de paz.

Las descargas racistas de Trump y compañía han sido condenadas por medio mundo, en especial por esos mismos líderes europeos que, subrepticiamente, tratando de que nadie se de cuenta, se han negado a acoger a los refugiados sirios —o iraquíes o somalíes o afganos— que a duras penas han logrado llegar a sus ciudades; o aquellos que han aprobado, tácita o explícitamente, idénticos exabruptos de otros políticos europeos, en un espectro que va de la ultraderecha finlandesa o danesa a Marine Le Pen o Viktor Orban; o aquellos que han desviado la mirada mientras se construyen otros muros, pagados con los impuestos de los ciudadanos europeos, en los confines de Melilla, Grecia o Bulgaria.

O aquellos que firmaron el infame tratado con Turquía que, violando todas las normas internacionales sobre derechos humanos, permite la expulsión masiva de *sin papeles* —incluyendo a los sirios que huyen de la guerra civil—, con la promesa de que un número equivalente de refugiados, provenientes de Turquía, sea acogida en compensación.

Como si esos sirios que se adentran en la Europa no fuesen seres humanos individuales, con historias únicas e irrepetibles —con frecuencia, de un horror abismal—, los líderes democráticamente electos de los países que forman la UE han acordado expulsarlos en masa, sin evaluar sus circunstancias personales, hacia un tercer país que no se ha distinguido en los últimos años por su defensa de las libertades individuales. No es tan grave, argumentan sus políticos con un cinismo apabullante: expulsamos a unos, acogemos a otros. Escuchar semejante respuesta en voz de los gobernantes de una de las regiones más prósperas y libres del planeta provoca escalofríos.

A los firmantes de este acuerdo debería de caérseles la cara de vergüenza. Para contener a sus propias fuerzas xenófobas, arropadas por la derecha y la ultraderecha que podría arrebatarles el poder, los dirigentes europeos "moderados" renuncian a uno de sus valores fundamentales y prefieren pagar millones de euros para que otro país se encargue de los sirios. Y Turquía acepta seguir siendo el patio trasero de Europa a cambio de ese dinero, de la exención de visados para sus ciudadanos y la vaga promesa de ser aceptada al fin en ese club que tanto la desprecia.

Y, entretanto, toda Europa se inflama y se lamenta y se desgarra las vestiduras por la elección de Trump.

3

Faltan pocos días para las elecciones del 8 de noviembre y el triunfo de Trump por primera vez luce casi inevitable tras las erráticas declaraciones del FBI que acusan y luego exculpan a Hillary Clinton por el ridículo caso de sus correos electrónicos. La victoria de Trump sería la de un político que ha utilizado como su principal arma la mentira. Eso que los académicos insisten en llamar, confusamente, "posverdad". O lo que, con mayor cinismo y tino, Kellyanne Conway, la coordinadora de campaña de Trump convertida luego en su asesora en la Casa Blanca, ha llamado "hechos alternativos".

Nuestros más hondos temores parecen a punto de cumplirse. La pesadilla a un paso de la realidad. En contra de cualquier atisbo de sensatez o de cordura, Donald Trump se acerca día tras día a convertirse en presidente de Estados Unidos. Esta ridícula aseveración, que hace apenas un año hubiese sonado imposible —impensable— es, hoy, una posibilidad *cercana*.

Nos hallamos en un momento en la cual las encuestas reflejan el desafortunado fin de semana de Hillary Clinton —quien no despierta ningún entusiasmo incluso entre los demócratas—, cuando primero tropezó con las palabras (diciendo que los seguidores de Trump son en su mayor parte lamentables) y luego tropezó sin más, abatida por una neumonía y un golpe de calor.

Quienes se empeñan en negar la catástrofe se aferran al peculiar sistema electoral estadounidense, en el cual en realidad se llevan a cabo 51 elecciones paralelas y, salvo alguna excepción, cada estado concede un número fijo de electores al ganador en ese lugar, para vaticinar la postrer derrota de Trump. Según esta línea de pensamiento, es casi imposible que los demócratas pierdan en sus bastiones tradicionales, ubicados en las dos costas, de modo que sólo en los llamados "estados púrpuras", es decir, en aquellos que a veces votan a los demócratas y a veces a los republicanos, se halla la clave de la elección. Y, a lo largo de toda la campaña —de esta esperpéntica campaña—, Clinton había conservado una ventaja más o menos amplia en todos ellos.

Hasta *ahora*.

Porque la tendencia ha comenzado a revertirse. Conforme a dos de los sitios más confiables de acumulación de encuestas y variables que hay en Estados Unidos, Fiftythirtyeight.com y Real clearpolitics.com, en estas semanas Hillary ha perdido esta ventaja en la mayoría de los estados clave: Ohio, Iowa, Florida, Nevada y Carolina del Norte. Ello significa que bastaría con que perdiera uno más —New Hampshire o Colorado, por ejemplo— para que Trump pudiera alzarse con la mayoría en el Colegio Electoral.

Si hace un mes las estadísticas le concedían 80 por ciento de probabilidades de triunfo a la demócrata, ahora se hallan reducidas a 58 por ciento, a un paso del empate.

¿Cómo es posible que hallamos llegado aquí?

Faltan 7 semanas para las votaciones —un periodo larguísimo o muy corto, según se vea— y el descenso de Clinton podría revertirse, aunque también podría acaecer lo contrario: que nuevos atentados, o la salud de la candidata, o cualquier otro imprevisto beneficien súbitamente a Trump y le permitan hacerse con Colorado, New Hampshire, Wisconsin o Pennsylvania, y con la presidencia del país.

Nos enfrentamos a una amenaza formidable, pues a pesar de los pesos y contrapesos estipulados en la constitución estadounidense, el presidente de aquel país es el hombre más poderoso del planeta. Y en esta ocasión podría ser un individuo cuya única apuesta política, y cuya única baza para llegar adonde está, ha sido la mentira.

La mentira franca y descarada.

La mentira impenitente.

La mentira impune.

La mentira sistemática.

Cuesta creer que en la Era de la Información, cuando cualquiera puede realizar un *fact-checking* en segundos, la Política de la Mentira —así, con mayúsculas— pueda rendir tantos dividendos. Desde el primer día de su campaña, Trump empezó engañando, y muy pronto se dio cuenta de que sus timos podían ser camuflados bajo nuevos —y más audaces— timos, en una espiral que no ha cesado.

Trump ha mentido sobre cada aspecto de la vida pública, sobre la inmigración y sobre su carrera empresarial, sobre política exterior y sobre sus impuestos, sobre Hillary Clinton y Barack Obama, y nada de ello le ha hecho perder seguidores.

Aun si *in extremis* perdiera la elección, su ascenso marca un hito en nuestro tiempo: si ninguno de los controles establecidos en la más sólida democracia del planeta ha servido para contrarrestar a un candidato dispuesto a mentir hasta el final, ¿qué podemos esperar que ocurra en México en las próximas elecciones?

4

En esta esquina, la implacable mujer de hierro, la sobria y engolada Hillary Clinton. En esta otra, el mandíbulas de Nueva York, el multimillonario lenguaraz, Donald Trump. Un combate cuerpo a cuerpo. La sensatez vs. la rabia. El sistema vs. el antisistema. La razón vs. la ignominia.

Exhibiendo sus mejores —y más estudiadas— sonrisas, los dos ingresaron al plató buscando exhibir tanta confianza como aplomo.

Él, con camisa blanca y corbata azul (color que normalmente identifica a los demócratas), y ella con un vestido rojo fuego (propio de los republicanos), como si cada uno quisiera atraer hacia su bando a los seguidores del contrario y resaltar aquello que se les reprocha: en el caso de él, la contención y la civilidad; en el de ella, el entusiasmo y la pasión.

Él no dudó en dejar caer su mano sobre el hombro y la espalda de ella, fingiendo una cortesía que escondía cierta condescendencia, mientras ella desde el principio lo llamó por su nombre de pila —jamás usó el aborrecible apellido—, decidida a tratarlo como a un muchacho iracundo e inexperto.

Si algo vuelve importantes estos duelos televisivos es que, más allá de las horas de estudio —o de falta de estudio—, del careo con sus *sparrings*, del fingimiento y la actuación, hay tics, exabruptos, rasgos de carácter imposibles de ocultar.

Por más que él intentase no mostrarse grosero y atrabiliario, refrenar su impertinencia y ocultar su impericia, contener sus impulsos destructivos —y autodestructivos— y fingir aquellas virtudes de las que carece, la tolerancia y la paciencia, no dejó de mostrar sus peores facetas: su tendencia a mentir o exagerar, su propensión a discriminar a mujeres y minorías; su ignorancia y su enorme egolatría se volvieron evidentes en cada guiño, en cada silencio, en cada ademán.

Ella tampoco podía ocultarse del todo, por más que las horas de estudio previo le sirvieran para articular sus réplicas. Detrás de tantas sonrisas, a veces burlonas y a veces divertidas, de su aparente buen humor incluso cuando él la insultaba o insultaba la inteligencia de los espectadores, de su facilidad de palabra y su obvia experiencia de Estado (tan criticada por su adversario), ella tampoco dejaba de ser quien era: la esposa de un expresidente, la calculadora política que perdonó a su marido para continuar con la empresa conjunta de asaltar el poder, la mujer sibilina que encarna mejor que nadie al *establishment* y que tanta desconfianza sigue provocando entre los jóvenes que hubieran preferido mil veces al inflamado y crítico Bernie Sanders.

El primer debate fue una mezcla de box y ajedrez: ella abrió con una apertura agresiva, él respondió de manera bastante conservadora; ella insistió y él comenzó a interrumpirla y a verse cada vez más incómodo; mientras ella hablaba, él manoteaba, gesticulaba, se enardecía; descolocado, desaprovechó cada oportunidad para reaccionar —con el un tanto fútil asunto de los correos del Departamento de Estado—, en el juego medio ambos persistieron en sus respectivas estrategias, y sólo al final ella volvió a la carga, sin que él supiese bien a bien qué hacer.

Al cabo, ella consiguió lo que había perseguido todo el tiempo: sacarlo de sus casillas y obligarlo a mostrar su intolerancia, su machismo, su mala fe. Esta vez no contra los mexicanos o los

musulmanes —alguien debió recomendarle dejarnos de lado—
sino contra una antigua Miss Universo: una mujer que natural-
mente no representaría a todas las mujeres, pero que su torpeza
convirtió en un símbolo.

Luego, frente a las acusaciones de haberse aprovechado de las
leyes para medrar y enriquecerse, y por tanto de carecer de una
mínima ética o un mínimo sentido social, él replicó envanecién-
dose: así son los negocios, así es como uno se hace rico en este país.

Ahí estaba, por fin, *de cuerpo entero*: el especulador racista y
misógino capaz de cualquier cosa con tal no tanto de ganar más
dinero, sino de *presumir* que es capaz de cualquier cosa con tal de
ganar más dinero.

5

Para explicar el triunfo de Trump, o del Brexit, o del no a la paz en Colombia, se invoca la frustración y la rabia de las clases medias. Pero también el miedo. El miedo reconcentrado, manipulado y azuzado por políticos sin escrúpulos.

Somos descendientes de bichos prehistóricos semejantes a los lémures o a las musarañas: criaturas indefensas y nerviosas, resguardadas en sus madrigueras, siempre amenazadas por enemigos más grandes y poderosos. Allí, en las regiones más arcanas de nuestros cerebros, anida siempre esa sensación de peligro, la convicción de que de un momento a otro seremos devorados por un depredador o de que, en caso extremo, seremos sacrificados por otros individuos de nuestra especie en un postrer esfuerzo por salvarse a sí mismos. Cinco mil años de civilización no nos han hecho mejores: basta un mínimo impulso para que el pánico y el resentimiento, dos de nuestros motores esenciales, salgan a flote y nos dominen, convirtiéndonos de nuevo en esos lamentables mamíferos al acecho de los dinosaurios.

De ahí la irresponsabilidad —diría: la zafiedad— de tantos políticos empeñados en exacerbar esos impulsos primitivos, acentuando aquellos rasgos que nos animalizan y nos tornan más pueriles, más torvos y egoístas, sin que nuestra pobre razón sea capaz de moderarnos y elevarnos, de devolvernos algo de nuestra precaria humanidad.

31

Lo advertimos por doquier: aunque objetivamente estemos a salvo, o al menos a punto de mejorar nuestras condiciones de vida, el miedo y la desconfianza siempre pueden más que la sensatez y los argumentos, y ahí nos descubrimos de pronto, tomando decisiones absurdas, siguiendo causas insensatas o de plano *in*humanas, gritando y vociferando contra amenazas imaginarias o temblando ante exagerados peligros.

No somos muy distintos de nuestros antepasados cavernícolas y, si vemos un tronco abatido por un rayo, de inmediato nos imaginamos, ajenos a la teoría de las probabilidades, que el siguiente caerá sin remedio sobre nuestras cabezas. Prejuicios y generalizaciones se imponen sobre cualquier razonamiento científico y preferimos hacer caso a quienes acentúan nuestra precariedad.

A lo largo de estas semanas contemplamos este mecanismo en cada esquina del planeta, demostrando que somos víctimas fáciles de la manipulación y la zozobra.

Veamos, por ejemplo, a Álvaro Uribe en Colombia: es seguro que, de haberlos negociado él mismo, no hubiese dudado en firmar los acuerdos tramados por el presidente Juan Manuel Santos con la guerrilla. Como no fue el caso, no ha cesado en su tarea de dinamitarlos auspiciando el miedo (a una inexistente amenaza castro-chavista) entre aquellos sectores del país que menos habían perdido durante el conflicto, volcándose por la desconfianza y el rencor. Ello no significa que Santos no cometiese errores, confiando en que la mera palabra "paz" bastaría para obtener un triunfo inmediato, pero escandaliza la inmoralidad de Uribe al mentir una y otra vez con el solo propósito de atemorizar a sus compatriotas y presentarse como el único líder capaz de salvarlos.

Lo mismo ocurre con todos los demagogos de derechas que proliferan en Europa, de Marine Le Pen a los líderes del UKIP británico y de la nueva líder de los ultras alemanes a los dirigentes nacionalistas —y antiinmigrantes— de Hungría, Dinamarca o Finlandia.

Sucede asimismo con nuestros obispos, curas y pastores llamando a marchar para exigir que se les retiren derechos a otros (en aras de frenar la "dictadura homosexual").

Y halla su mayor expresión, por supuesto, en Donald Trump, quien, a fin de convencer a sus seguidores de que Estados Unidos se hunde en la mayor decadencia imaginable, le achaca la culpa del declive a los mexicanos sin papeles (todos violadores y criminales) o a los musulmanes (todos terroristas).

Somos descendientes de esos temblorosos mamíferos prehistóricos que se asustaban ante el menor ruido, pero no podemos seguirnos comportando como tales. Tenemos que exigir, aquí y allá, una educación pública capaz de desterrar tantos miedos infundados y, en vez de temerle a lo desconocido (y a los otros), rescatar justo aquello que nos vuelve realmente iguales: la idea misma de humanidad.

6

Y el 8 de noviembre de 2016, Trump gana la elección...

En contra de todos los augurios, uno de los mayores demagogos de nuestra época acaba de ser elegido como el hombre más
poderoso del planeta. Además de la presidencia de Estados Unidos, se ha hecho con el control casi total de su gobierno, con cla-
ras mayorías en la Cámara de Representantes y en el Senado. Y la
posibilidad de nombrar jueces que colorearán la Suprema Corte
como un bastión conservador por décadas.

No nos dejemos tranquilizar, de nuevo, por quienes se con-
formaron con loar la fortaleza institucional de la democracia más
antigua del orbe. Estamos frente a una catástrofe sin paliativos. Una
amenaza para el futuro.

Y un peligro sin precedentes para México.

Insisto: no debemos reconfortarnos con las imágenes de
Barack Obama o Hillary Clinton llamando a la unidad y pidien-
do concederle el beneficio de la duda a Donald Trump.

Uno de los mayores problemas de la democracia, de *cualquier*
democracia, es la facilidad con que puede ser subvertida y sabo-
teada desde dentro. Lo hemos visto una y otra vez. No, todavía, en
la mayor potencia del globo. Herido de muerte, el sistema que el
demagogo prometió destruir en su campaña tratará de contenerlo, pero nada indica que vaya a conseguirlo. Porque Trump no fue
un candidato cualquiera y no será un presidente cualquiera. En el

discurso tras su victoria lo anunció: el suyo es un *movimiento*. Una fuerza que busca trastocar la democracia, cuando no tornarla irrelevante.

Una mayoría de estadounidenses eligió para dirigirlos —y para tener más influencia sobre el resto de nosotros que nadie en el planeta— a un sujeto que durante meses no hizo otra cosa que exhibir su desprecio hacia los otros.

Un racista y un xenófobo.

Un machista y un misógino.

Un cínico y un ignorante.

Un ególatra que *jamás* se disculpó por los insultos y amenazas que lanzó a diestra y siniestra.

Un comediante marrullero y perverso que supo atizar el rencor y el pánico.

Un sinvergüenza que nunca ocultó su desdén hacia la misma democracia que lo ha llevado a la Casa Blanca.

Obama y Hillary se equivocan (y muy probablemente *lo saben*). No, no tenemos que darle a Trump el beneficio de la duda. Lo que tenemos que hacer todos los habitantes conscientes del planeta es oponernos a él desde este instante.

Las comparaciones resultan siempre odiosas y ni Trump es Hitler ni los Estados Unidos del siglo XXI la República de Weimar, pero el germen totalitarismo está aquí: en la elección democrática de alguien visceralmente antidemocrático.

Porque la democracia no se basa en elecciones transparentes donde gana la mayoría, sino en el mantenimiento irrestricto de la libertad y la igualdad para todos, ciudadanos y no ciudadanos: justo los valores que Trump ha prometido aniquilar en cuanto sea investido. Obama lo dijo y no deberíamos olvidarlo: Trump no es apto para ser presidente.

Habrá tiempo para discernir por qué ocurrió lo peor que podía haber ocurrido. Para entender el resentimiento y el pavor de millones. Para criticar el pasmo del *establishment* y la torpeza del Partido Demócrata. Para juzgar con dureza la traición de nuestras élites. Para aquilatar la desesperanza —y la furia— de la clase media ante la indiferencia y la corrupción de los políticos profesionales. Para lamentar el renacimiento de la xenofobia y el racismo. Pero, mientras meditamos sobre todo esto, tenemos que *actuar*. Combatir el triunfo del odio y del miedo.

México y los mexicanos no habíamos sufrido una amenaza tan grande desde la expropiación petrolera. Para Trump, somos el primer obstáculo a su idea de grandeza americana. Tenemos que enfrentar con inteligencia y firmeza los vicios de Trump y del trumpismo: para empezar, oponiéndonos a la idea misma del Muro (no solo a su financiación) y defender a los millones de mexicanos sin papeles que tienen una vida del otro lado de la frontera. Ello no debe ser pretexto para resucitar un nacionalismo trasnochado —o la falsa idea de la "unidad nacional"—, sino para enarbolar una defensa del humanismo democrático que nos coloca, querámoslo o no, en la primera línea de combate.

A los mexicanos nos corresponde encabezar la resistencia.

7

Pero, ¿quiénes son esos millones que votaron por él? Sólo una infinita ce-
guera llevaría a creer que todos esos votantes son "lamentables", como los
llamó Hillary Clinton en uno de sus mayores errores en campaña. Si
queremos entender el triunfo de Trump, tenemos que verlos. Tratar de en-
tender sus motivaciones para impedir que, en el futuro, otro demagogo las
convierta en suyas.

Tres veces la misma historia.

La primera, en Madrid. Era el 23 de junio y, tras presentar el Festival Cervantino, me fui a dormir con las encuestas apuntando al triunfo de la lógica: la permanencia del Reino Unido en la Unión Europea. Al despertar, la sorpresa. Fue el primer aviso.

Poco más de tres meses después, en Guanajuato, otra vez me fui a la cama en calma. Ahora sí no había duda: todo podía salir mal, pero los colombianos firmarían los acuerdos de paz con la guerrilla. Al ver las noticias por la mañana, me embargó la angustia.

Pese a estos antecedentes, la noche del 10 de noviembre de 2016, esta vez en Lyon, me resistí a creer lo peor. Pero así fue: la mayoría en el Colegio Electoral significaba que los estadounidenses también habían votado por el No: el No a la cordura, el No a los valores esenciales de la democracia, el No a la diversidad, el No a México.

Una y otra vez, muchos —¿pero quiénes? ¿los más críticos, los más sensatos, los más prudentes?— nos empeñamos en creer que los ciudadanos de Gran Bretaña, Colombia y Estados Unidos eran en esencia como nosotros, que compartían nuestros valores, nuestra visión del mundo. Una y otra vez los resultados nos desmintieron. Una y otra vez quedó demostrado que allá, y acaso también aquí, hay otros muchos, literalmente millones, a los que nos resistimos a ver, a los que nos negamos a oír, que evidentemente no piensan ni sienten como nosotros.

Durante meses o años los despreciamos o los ignoramos, convencidos de que eran una panda de locos, agitadores o fanáticos. Hoy estamos obligados a preguntarnos: ¿quiénes son y por qué actúan así?

Imposible asumir que se trata de una minoría de retrógrados, racistas de clóset, fascistas en potencia, misóginos o xenófobos impenitentes, como los políticos que los han azuzado: Farage, Uribe, Trump. Porque, aun si así fuera, el error de todos modos sería nuestro: ¿cómo hemos podido formar, a lo largo de estas décadas, en países supuestamente democráticos, ciudadanos *semejantes*?

¿Qué hicimos para que una mayoría use la democracia para minar y destruir la democracia e ir, sin darse cuenta, en contra de sus propios intereses? Imposible aceptar el reduccionismo macabro que los asimila con los esperpentos que hoy los guían.

¿Quiénes son, entonces, esos votantes?

Las estadísticas, bastante erráticas, han querido señalar a los blancos mayores y sin educación universitaria como su paradigma, pero lo cierto es que muchas mujeres y universitarios votaron por Trump y el No en Colombia e Inglaterra.

Se trata, más bien, de un amplio sector de nuestras sociedades que no se halla en la pobreza extrema, sino en una clase media cuya característica central es la sensación de haber sido despojada por la clase política tradicional y carecer de esperanzas de futuro.

Tenemos que asumir, por más que nos cueste, que *ellos* —no los politicastros que los animan— deben tener algún motivo íntimo para votar así. Que su sensación de abandono, furia, desesperanza o miedo es, en cierta medida, culpa nuestra. De los sensatos y cuerdos que no supimos o quisimos verlos. Y, sobre todo, de la clase política neoliberal (y sus aliados liberales) que, desde hace un cuarto de siglo, decidió arrancarles todos los beneficios sociales posibles e instalar en sus mentes, de paso, un rechazo visceral al Estado como causa principal de sus problemas. De un Estado que beneficia solo a otros (las minorías, los extranjeros, los migrantes, los refugiados) y no a ellos.

Millones votaron en contra de la sensatez, guiados por sus emociones. El lamentable resultado es éste: le han entregado el control del mundo a sujetos que no harán otra cosa sino exacerbar su frustración y su ira.

¿Qué queda entonces?

Ya lo dije: la resistencia.

Cuya principal arma es la defensa de una educación pública humanista y crítica que reinstaure entre los jóvenes los valores esenciales de libertad, igualdad y justicia que tanto hemos descuidado en estos años.

8

Poco después de la elección de Trump, murió Fidel Castro. Trump no dudó en llamarlo dictador. Sin ser capaz de verse reflejado en él.

Al ser uno de los líderes políticos más longevos de que se tenga noticia, ya sabemos que la historia no lo absolverá.

Fue un "dictador brutal", sí, como lo llamó Trump.

Un hombre obsesionado con ejercer y mantener el poder a cualquier costo.

Un narcisista y un ególatra.

Un aventurero sin escrúpulos.

Un idealista dispuesto, como todos los grandes idealistas, a sacrificarlo todo con tal de conseguir su ideal.

Un amo de la utopía que impuso su imagen del mundo a sangre y fuego.

Un paranoico que perseguía a sus enemigos por doquier y sometió una y otra vez a sus fieles a purgas, degradaciones y humillaciones públicas.

Un rival rencoroso e impenitente dotado, para colmo, de una memoria prodigiosa.

Un puro, en la estirpe de Robespierre, que sometió a su pueblo a todas las privaciones en aras de *su* sueño.

Un demagogo incontinente a quien el resto de la humanidad estaba obligado a escuchar sin pausa.

Un resistente que salió indemne de decenas de atentados y superó la ira de rivales más poderosos.

Un hombre brillante al cual le fascinaba rodearse de hombres más brillantes para mantenerlos en silencio.

Un oráculo del que miles esperaban profecías e instrucciones.

Un heredero de San Ignacio: soldado y santo, la peor mezcla posible.

Un fanático no de la Revolución sino de sí mismo.

Y, sobre todo, un poco gracias a la suerte y otro a su sagacidad, un sobreviviente.

El último gran caudillo latinoamericano, a quien los escritores del *Boom* no se atrevieron a retratar en una novela.

Todo esto era Fidel Castro, y más: un maniqueo —acá, nosotros, los valientes, los revolucionarios, los buenos; allá, ustedes, los cobardes, los gusanos, los imperialistas, los malos— que logró con creces su objetivo: dividir el globo entero entre sus admiradores —mejor: adoradores— y sus detractores —mejor: archienemigos—, obsesionados por décadas en loarlo o escarnecerlo, cada bando dispuesto a desdeñar matices y sutilezas para canonizarlo o demonizarlo, miembros de cultos irreconciliables y antagónicos.

No sólo era un monstruo y un tirano o, además de ser un monstruo y un tirano, fue un líder que pudo inspirar, como pocos, anhelos legítimos y necesarios —en especial por la igualdad, tan desdeñada tanto en la Cuba de Batista como en la era Trump— en millones de luchadores que no sólo en la guerrilla, sino en todos los ámbitos, entregaron lo mejor de sí mismos, y en ocasiones extremas sus vidas, por un mundo mejor.

Es una desgracia que no sean sus virtudes, y en especial esta ansia de mejorar las vidas de los más pobres, de los más desprotegidos, lo que prevalezcan entre los gobernantes de nuestro tiempo y en particular entre quienes se han empeñado en denostarlo, aborrecerlo, sepultarlo.

Atenazados en el mismo maniqueísmo del Comandante, sus críticos se quedaron petrificados en la lógica de la Guerra Fría, la de ellos contra nosotros, la de izquierda contra derecha, la de capitalismo contra comunismo.

Se equivocan: los incontables vicios de Castro, enumerados más arriba, se reparten hoy a partes iguales entre sus sicofantes y sus adversarios, sus vestales y sus enterradores.

Trump es, entre muchos, el mejor ejemplo: al alegrarse de la muerte del "brutal dictador", oculta o enmascara cuanto lo une con él. En sus contornos más negativos, sus personalidades son como dos gotas de agua.

Trump es otro egocéntrico y otro megalómano.

Otro demagogo dispuesto a todo con tal de conseguir —y, ya lo veremos, conservar— el poder.

Otro aventurero sin escrúpulos.

Otro paranoico y otro fanático.

Otro hombre dispuesto a imponer la humillación y el dolor a millones —como los indocumentados que planea expulsar de Estados Unidos— por pura sevicia política.

Y, sobre todo, otro maniqueo: otro líder que divide el mundo en dos —nosotros, los buenos; ustedes, los malos— y asienta en esta perversa dicotomía su retórica y su plan de acción.

Que la democracia estadounidense sea capaz de contenerlo queda por verse.

9

¿Por qué? Ésa es la gran pregunta. ¿Por qué ciudadanos de países demo-
cráticos, prósperos, estables y ricos votan a estafadores como Trump? En
1933, la República de Weimar era un desastre político y económico, con
catastróficos niveles de desempleo y una inflación desbordada. No era difí-
cil imaginar a un demagogo que acentuase la desesperanza y la frustración
de sus compatriotas y consiguiese ser elegido democráticamente con la pro-
mesa de devolverle su grandeza a Alemania. La diferencia, hoy, es que
Estados Unidos no es un país en quiebra. Justo lo contrario: continúa
siendo la nación más rica del planeta y, gracias a Barack Obama, no ha
dejado de crecer en los últimos años. Pero la demagogia de Trump, como
la de otros líderes de Occidente, ha sido tan poderosa como la del nazismo,
haciéndole creer a millones que su patria está al borde del colapso.

Decepcionados. Desencantados. Molestos. Enfadados. Enojados.
Indignados. Coléricos. Furiosos. Rabiosos. Así se sienten millones de ciudadanos en todo el mundo. ¿Qué los mantiene así?
El "estado de cosas" en sus países. La inmovilidad y el desasosiego frente a sus respectivos sistemas de gobierno. Y, en especial, la
desconfianza hacia sus líderes, sin importar el partido al que per-
tenezcan o la ideología que los anime. Un desdén hacia la "clase
política" en su conjunto: ese sector del gobierno que, en el mejor
de los casos, parece indiferente a sus problemas y, en el peor, con-
centrado en su ambición y su avaricia. Ese grupo en el poder que
exhibe sus desplantes y su corrupción impunemente.

Un fantasma recorre el planeta: la rabia hacia los políticos profesionales. Poco tienen que ver las historias particulares de cada nación y mucho cierta *actitud* asumida por todos los hombres y mujeres de poder: su desapego hacia cualquier ideal, un pragmatismo a toda prueba y en particular una gélida falta de empatía hacia quienes los han elegido. En medio del capitalismo neoliberal que continúa animándonos a ver sólo por nosotros mismos, nuestros políticos no se preocupan más que por sus privilegios —y por pagar los favores a magnates que los financian—, medran para continuar escalando la pirámide y volverse ricos en el proceso. El "fin de las ideologías" acarreó la ideología de despreciar a la mayoría. El neoliberalismo no es, en este sentido, sino la excusa para desentenderse de los otros.

¿Cómo no concordar con esos ciudadanos rabiosos que no ven en su clase política sino un estamento burocrático obsesionado con verse el ombligo o, peor, con utilizar sus puestos públicos —y los ingentes recursos derivados de nuestros impuestos— para proteger sus intereses? ¿Cómo no comulgar con el asco que provocan sus maniobras ocultas, sus cuentas en el extranjero (piénsese en los *Panama Papers*), sus discursos vacuos o melifluos, sus voces cansinas, desprovistas de la menor ilusión, sus coches de lujo y sus choferes, sus comilonas y sus viajes en primera clase, sus dietas y bonos millonarios y sus incontables actos de corrupción (piénsese, ahora, en Odenbrecht)? ¿Cómo no pensar que no sirven para nada, que sus altísimos sueldos son un insulto tanto para la clase media como para los pobres, que es necesario echarlos de sus puestos?

Ocurre en Estados Unidos y en España; en Francia y en México; en Italia y en los países nórdicos; en Alemania y en Japón; en Taiwán y en Argentina; en Chile y en Sudáfrica: un fenómeno auténticamente global. En cada sitio hay razones precisas para la furia —la inmovilidad social en los países avanzados; la crisis y el desmantelamiento de los servicios sociales en el sur de Europa; la corrupción en la península ibérica y en nuestras naciones lati-noamericanas—, pero la razón principal puede resumirse en una sola palabra: inequidad.

Desde el desmantelamiento del socialismo real, ésta no ha hecho sino acentuarse por doquier. El alud de políticas impuestas de arriba para abajo desmanteló las sociedades más justas jamás creadas en la historia —los estados de bienestar de Europa Occidental y Norteamérica— y radicalizó la apabullante desigualdad que siempre caracterizó al Tercer Mundo. ¿El resultado? Una clase media desesperanzada y alicaída. Un espectacular aumento de los niveles de pobreza. Y la sensación de que pocos, muy pocos, siempre en la parte más alta de la sociedad, son quienes siempre ganan. *Siempre.*

La convicción de que a los políticos ya no les importa otra cosa que protegerse a sí mismos ha generado, desde entonces, distintas respuestas. En algunos países, movimientos de izquierda radical opuestos a la "dictadura de Wall Street"; en otros, frentes de ultraderecha que buscan culpar de todos los males no sólo a sus políticos, sino a los inmigrantes; y, por supuesto, un sinfín de figuras antisistema —o que se *fingen* antisistema— dispuestas a aprovecharse de la confusión y el desencanto.

10

Más producto de una implosión que de una amenaza externa, en diciembre de 1991 la Unión Soviética dejó de existir y la Guerra Fría llegó a su fin. El comunismo se perdió en la noche de la historia y la izquierda mundial entró en una fase de descrédito y parálisis de la que no ha logrado salir tres decenios después. Reagan y Thatcher se asumieron como los grandes vencedores de la batalla e impusieron políticas neoliberales en todo el orbe. El Estado pasó a ser visto como el gran enemigo, se desmantelaron empresas y servicios públicos y de pronto las sociedades más equitativas que jamás hubo en la historia se volvieron cada vez más injustas. En 2008, la Gran Recesión se convirtió en la mayor transferencia de capitales de la clase media a los ricos. La gran víctima de este estado de cosas: la solidaridad o la hermandad, palabras asociadas con las dictaduras comunistas que desaparecieron de nuestro vocabulario político al mismo tiempo que se desvanecía una noción crucial del siglo XX: la idea de que el futuro podía ser mejor.

Veinticinco años atrás, la caída del Muro de Berlín y la ola democratizadora que se expandía por Europa (y luego por el resto del mundo) anunciaba una era de grandes esperanzas. Un poco más adelante, en diciembre de 1991, la Unión Soviética se desmembró tras el fallido golpe de Estado contra Mijaíl Gorbachov —hasta entonces ídolo de millones— y concluyó oficialmente tanto la Guerra Fría como esa división más esquizofrénica que bipolar que había prevalecido en el orbe desde el final de la Segunda Guerra.

Así, mientras Francis Fukuyama esbozaba el "fin de la historia", la globalización neoliberal se enquistaba por doquier.

El optimismo duró apenas una década y, cuando los aviones convertidos en misiles atravesaron las vidrieras de las Torres Gemelas, a la expansión del libre comercio se sumó un enemigo más dúctil, si no mas poderoso, que el anterior: el terror islamista. No había manera de conservar la fe en el futuro, pero en tanto los halcones de Washington removían el nido de avispas de Oriente Medio, enzarzándose en un interminable conflicto lleno de mentiras y derrotas, políticos, ideólogos, banqueros, empresarios e inversores aprovecharon la ocasión para desregular al máximo los mercados.

Si los años anteriores al fin de la Unión Soviética vieron el nacimiento de las sociedades más prósperas y equitativas de la historia en Europa Occidental, América del Norte y lugares tan remotos como Australia y Nueva Zelanda, al término de la primera década del tercer milenio la desigualdad se había acentuado brutalmente incluso en las zonas más ricas del planeta. La Gran Recesión acabó con los últimas promesas de 1991: quizás los ciudadanos del mundo ya no estuviesen preocupados por la extinción provocada por una guerra nuclear —o al menos dejaron de pensar en ello—, pero en todos los demás rubros las promesas se resolvieron en traiciones.

En resumen: poco después de la caída del Muro, se soñaba con un orbe con menos temores y más libertades, preocupado por la ecología, con menos violaciones de derechos humanos, menos conflictos regionales y mejor distribución de la riqueza. Hoy, cuando se busca alzar un nuevo Muro, ninguno de estos anhelos se mantiene.

La libertad política creó sociedades capaces de elegir libremente a sus gobernantes, pero ello no significó que éstos no fueran a corromperse o a proteger sólo sus propios intereses. La libertad de comercio auspició el libre tránsito de mercancías, mas no el de personas, retenidas en campos de concentración o expulsadas por carecer de papeles. El neoliberalismo quiso frenar la parálisis estatal y a cambio desmanteló todos los mecanismos que habían permitido la expansión de la clase media. Y el miedo ante la bomba se decantó en miedo al terrorismo: un pánico aún más fácil de instrumentalizar dado que no tiene un origen claro, unas metas precisas ni una lógica identificable.

El resultado: una globalización que, en nuestros días, padece una terrible nostalgia por los nacionalismos del siglo xx. Una época dominada por el resentimiento y la apatía; por la desconfianza hacia los políticos profesionales que, carentes de ideología, solo se preocupan por sí mismos; y por el auge repentino de líderes que lucran con la xenofobia, la falta de empatía y el horror a la diferencia. Una era, en fin, en la que todos nos sentimos frustrados: los ciudadanos, por no ser tomados en cuenta; los políticos, por no ser respetados; los demagogos, por no alcanzar sus objetivos; los religiosos, por no tener más influencia; los ateos, por no haber conseguido desterrar tantas creencias primitivas.

Una a una, las grandes esperanzas surgidas tras la caída del Muro de Berlín se han desvanecido. Nadie parece sentirse más libre, más seguro, más tranquilo ante el futuro. Pero, con la experiencia del siglo xx, nadie se atreve tampoco a exigir un cambio drástico, violento. Y todo esto mientras nuestras élites políticas y económicas se desentienden por completo de los otros, preocupadas solo por verse al ombligo. La parálisis y el estancamiento son el resultado de nuestro desasosiego.

¿Qué esperar de un mundo donde nadie es capaz de imaginar un mundo mejor?

11

La polarización. Si algo caracteriza nuestra época es que la división entre la izquierda y la derecha —o entre eso que seguimos llamando "izquierda" y "derecha" a falta de un mejor nombre— se ha vuelto otra vez más acerba, más dramática. Sólo en un ambiente así, en el que una mitad de un país detesta a la otra, puede surgir un líder que promete hablar por todos.

Países troceados. Naciones desgajadas. Comunidades partidas justo por la mitad. En nuestra época cada vez se acentúa más este fenómeno que no sólo separa, sino enemista y enfrenta, cada vez con mayor violencia, a sectores antagónicos. Si durante buena parte del siglo xx la Guerra Fría impuso un universo bipolar entre el capitalismo y el comunismo, entre el Imperio Americano y el Soviético, ahora esa división se ha trasladado al interior de las sociedades del siglo xxi.

La frontera es sin duda ideológica, aunque apenas se corresponda con la secular batalla entre la izquierda y la derecha. Habría que pensar, más bien, en una oposición entre quienes se conforman con la globalización neoliberal que se impone por doquier y quienes se oponen a ella y quisieran verla derruida.

Ese sistema internacional que unos ensalzan y otros deploran, que unos sostienen y otros aspiran a desmantelar, ha garantizado la expansión de las democracias electorales y del libre mercado, pero al hacerlo ha desatado una ominosa desigualdad entre los más ricos y los más pobres, entre quienes se hallan en la punta y la base de la estructura piramidal que nos domina. Para los que defienden el modelo, esta inequidad —que mantiene a millones al margen de los beneficios de la globalización— es una falla que habrá de corregirse de manera progresiva; para sus rivales, se trata de una condición inherente al sistema y por tanto no hay manera de evitarla sin acabar con el modelo.

Los primeros, a los que se puede llamar "conservadores" —aunque en su seno se congreguen neoliberales, liberales de derecha e incluso socialdemócratas—, están empeñados en mantener el *statu quo* (sea cual fuere) y en conservar la división del poder y la riqueza que prevalece en el planeta; los segundos, cuya nomenclatura genérica sería más difícil de fijar —en sus filas hay antiguos comunistas, globalifóbicos e incluso liberales de izquierda, de un lado; y ultraderechistas, nacionalistas y xenófobos, del otro—, pero que a falta de mejor nombre llamaremos "indignados", aborrecen el modelo fijado desde la caída del Muro de Berlín y, más que soñar con un mundo utópico como sus predecesores, se mantienen unidos con la sola convicción de que el *statu quo* es intolerable.

Si en cada región estas mitades poseen tintes diversos, comparten unos cuantos principios básicos: mientras unos defienden a capa y espada el presente, sea porque vienen de regreso de la violencia revolucionaria o porque son los primeros en aprovecharse de la desregulación y el libre mercado, sus adversarios no cesan de referirse a las peores caras de la globalización—en particular, lo hemos dicho, a su rampante inequidad—, obsesionados con atemperarla o, mejor, erradicarla.

Si la estrategia de los primeros moviliza el miedo —sus campañas buscan que la clase media se asuste ante lo que podría perder si ganasen sus enemigos—, la de los segundos acentúa la rabia frente al injusto reparto de poder y de riqueza entre los distintos sectores sociales.

Una precisión importante: por décadas el predominio de los conservadores ha sido imbatible. Y, si en ocasiones los indignados han llegado a triunfar, la imposibilidad estructural de cambiar drásticamente el sistema desde adentro ha provocado que, o bien terminen atados de manos, como Syriza en Grecia, o bien apenas hayan tardado en volverse más conservadores que los conservadores, como sucedió en Venezuela: pocos líderes más obtusamente reaccionarios que Maduro.

Conviene añadir, por último, que no podemos juzgar del mismo modo a todos los indignados. Mientras que los indignados de izquierda apenas han conseguido pingües victorias y el impacto de sus políticas continúa siendo mínimo, los indignados de derecha —o mejor: de ultraderecha— han comenzado a imponerse aquí y allá.

Y lo más grave: han contaminando con su discurso a los conservadores y a los liberales con su agenda antiinmigrante o bien han sido aceptados en sus gobiernos, como en Dinamarca o Hungría, o de plano han impuesto su locura, como demuestra el triunfo de quienes exigían la salida de Gran Bretaña de la Unión Europea.

12

La elección de Trump no fue el primer suicidio político de estos años inciertos. Poco antes, los británicos sucumbieron a sus prejuicios y votaron por la salida de su país de la Unión Europea a partir de una campaña basada en las mentiras de los líderes del Brexit. Un síntoma del mal que vendría después.

David Cameron se presentaba como el único gobernante europeo que había sido reelegido con un amplio número de votos. Un conservador moderado capaz de insuflar nueva vida al conservadurismo. El líder que Gran Bretaña necesitaba en tiempos aciagos. Tras la derrota del referéndum escocés, se sentía doblemente confiado. Y, para mantener la supremacía sobre los suyos, se le ocurrió una jugada maestra: un nuevo referéndum, en este caso sobre la permanencia de su país en la Unión Europea, con el doble objetivo de liquidar el incordio representado por el Partido por la Independencia de la Gran Bretaña y de asentarse como indiscutible jefe de los *tories*.

¿*Hubris*? Sin duda.

Y un enorme error de cálculo.

Nada lo obligaba al órdago, nadie —excepto esos radicales— le exigía semejante prueba. Por desgracia, en toda Europa la derecha le tiene más miedo a la ultraderecha que a la izquierda. Teme verse débil, flaca, anémica. Y tiende a copiar sus estrategias y políticas —sobre todo en torno a la inmigración— y a plegarse a sus exigencias.

Envalentonado, Cameron se lanzó al vacío. Una irresponsabilidad suprema disfrazada, por supuesto, de *democracia*. Porque en su nombre se cometen, en nuestra época, los peores desatinos.

Una campaña por la permanencia mal planteada, apoyada casi con vergüenza tanto por los laboristas como por los conservadores. Del otro lado, en cambio, una avalancha de mentiras, prejuicios y miedos reconcentrados.

El resultado: que una mayoría de adultos y viejos impusieron su estrechez de miras a millones de jóvenes. Y una mayoría de ingleses y galeses arrebataron a Escocia e Irlanda del Norte de una comunidad en la que se sentían cómodos.

¿Democracia? No exactamente: más bien, según la antigua clasificación griega, *demagogia*. El triunfo de una parte de la sociedad, sin razón —y sin argumentos—, sobre el resto.

Que Cameron pase a la historia como el más torpe, pernicioso y vano de los políticos británicos no sirve de consuelo.

13

¿Cómo empezó todo? ¿Cómo Trump llegó al poder? ¿Cuál fue el hue-
vo de la serpiente que permitió su triunfo?

En *El maleficio (Die Verzauberung),* novela escrita entre 1934 y 1935,
el escritor vienés Hermann Broch retrata la vida de un pequeño pueblo en las montañas que de pronto sucumbe al encanto de
Marius Retti, un recién llegado que seduce a la mayor parte
de sus habitantes con sus soflamas sobre la autenticidad de la vida
campesina frente a la decadencia de la ciudad, los lleva a enfrentarse unos contra otros, a expulsar de la comarca a una familia de
comerciantes —no si antes humillar a sus miembros— e incluso los impulsa a perpetrar el crimen de una joven como si fuera un sacrificio expiatorio. Tal como luego haría Thomas Mann
en *Doktor Faustus,* la novela de Broch, que sólo se publicaría tras
la muerte de su autor en 1951, intentaba explicarse el "huevo de
la serpiente", es decir, el momento en que el nazismo comenzó a
apoderarse del alma de los alemanes.

Broch sabía de lo que hablaba: perseguido por sus orígenes
judíos, en 1939 consiguió exiliarse en Inglaterra y luego en Estados Unidos gracias al apoyo de escritores como James Joyce.
Sobrevivió a la barbarie —y publicó una de las obras cumbre de
su época, *La muerte de Virgilio,* en 1945— pero, como tantos otros
afortunados que sobrevivieron a la guerra, nunca dejó de pregun-
tarse cómo fue posible que un pueblo culto, cordial y amante de la

legalidad como el germano se dejase conducir hacia la intolerancia, el racismo y el *mal*. En la minuciosa descripción de cómo los
campesinos se dejan atrapar por el maniqueísmo de Retti, su aura
de salvador y su lenguaje crudo y directo, alejado de la retórica
política tradicional —y en particular de cualquier sombra de *humanismo*— es posible atisbar cómo tantos pueblos han sucumbido
a igual número de líderes carismáticos que se presentan como co-
nocedores únicos de los problemas de la mayoría y, a partir de esta identificación primaria, los impulsan a la sinrazón.

Es probable que dentro de algunos años nos preguntemos,
como Broch en su momento, sobre el *huevo de la serpiente* que
permitió que Donald Trump, un personaje tan maniqueo, pueril,
manipulador, violento y antihumanista como Retti, llegase a convertirse en presidente de Estados Unidos al seducir a casi la mitad
de sus habitantes con un discurso racista, aislacionista, intolerante,
alejado de cualquier civilidad democrática.

No se trata de continuar el debate en torno a si Trump es fascista o populista de derechas, sino de entrever cómo alguien que
ha vilipendiado a mujeres, mexicanos y musulmanes (e incluso
a un prisionero de guerra como McCain y a los padres de un
soldado musulmán caído en combate en Irak), que miente con
descaro en todas sus intervenciones, que no posee ni los conoci-
mientos básicos de política exterior, consiguió el apoyo de *millones* de ciudadanos (sobre todo hombres blancos de clase media sin
educación superior, pero no sólo ellos) que, pese a sus errores y
dislates, sus engaños e insultos, votaron por él y aún siguen dispuestos a apoyarlo.

El problema —diría Broch— no radica en Trump mismo, sino
en la cultura cívica que propició su aparición y en el ambiente
mediático que auspició su deriva. Es ahí donde quizás se esconda

el *huevo de la serpiente* del "trumpismo": en un Partido Republicano que, al menos desde la época de Bill Clinton, se rindió a los ataques personales como principal estrategia política; en un G.O.P cuyo discurso se modeló a partir de los radicales del Tea Party, con su odio a los extranjeros y al Estado; a una prensa de derechas dispuesta a lo que fuese con tal de sobajar a los Clinton o a Obama; y unas élites que, a fin de conservar el poder, permitieron que una mezcla extrema de individualismo y religiosidad básica nublara cualquier vestigio de razón.

Es allí, en el amplio espectro de la derecha estadounidense —buena parte de la cual hoy se escandaliza ante sus desplantes—, con su feroz componente evangélico, donde hay que buscar la respuesta a cómo un peligroso manipulador como Trump ha podido convertirse en el hombre más poderoso del planeta.

14

Lo más terrible de la era de Trump es que nos deja una sensación de déjà
vu. *Seguimos sin aprender las lecciones de la historia. O, peor, nos esfor-
zamos por repetir, a sabiendas, los errores del pasado. Quizás porque
seguimos empeñados en creer que nuestro tiempo es el peor de los tiempos. Y porque conservamos una peligrosa nostalgia hacia una era dorada
que nunca ocurrió.*

Pese a que vivimos uno de los momentos más anodinos de la historia —los conflictos de nuestras pedestres democracias langui-
decen comparados con los que experimentaba el planeta hace
un siglo, o cinco— la sensación de zozobra e incertidumbre ago-
bia a millones de ciudadanos. Tras abandonar o superar el autoritarismo que prosperó a lo largo de milenios, se nos prometió una
cotidianidad más previsible, un mundo más ordenado, un lugar
más seguro.

Y, en vez de ello, nos vemos obligados a lidiar con signos
ominosos que acentúan nuestra desconfianza y prolongan nuestros temores. El poder ya no es lo que era, como ha explicado
Moisés Naim, y las instituciones sociales que nos rodean se han
vuelto inasibles y líquidas, para usar la expresión de Zigmunt
Bauman.

Frente a estas mutaciones, que nos hacen creer que nada resulta estable y que pisamos arenas movedizas, los sectores que más se
han beneficiado de la democratización y la globalización de las

últimas décadas —en particular los multimillonarios y esas clases medias que se han ampliado como nunca— tiemblan, se angustian, se deprimen y sienten una repentina nostalgia por una época anterior, cuando alguien podía resolver sus problemas con un golpe de mano, o al menos éste es el espejismo, porque ni siquiera en los estados totalitarios la sola voluntad de un individuo providencial bastó nunca para resolverlo todo.

En este contexto amenazante —torvamente amenazante—, donde las certezas de derrumban y los peligros se incrementan, o al menos los medios insisten en decirnos que se incrementan, los políticos *normales* nos parecen humanos, demasiado humanos... O burócratas desprovistos de fe e iniciativa o hampones que sólo se preocupan por medrar y enriquecerse. Imposible confiar en ellos. Irremediablemente nos decepcionarán con su incapacidad para aferrar el timón de nuestras naves a la deriva.

Si estos hombres de paja no son capaces de reducir la violencia criminal, de abatir la impunidad, de frenar la inmigración ilegal, de conservar nuestro actual estilo de vida —en pocas palabras, de darnos un poco de esperanza en el futuro—, ¿cómo podrían enfrentar amenazas aún más graves como el terrorismo o el narcotráfico?

Imposible creerles: a la hora de la hora, lo único que podemos hacer es no votarlos y sustituirlos por políticos del partido contrario, burócratas o hampones idénticos e intercambiables.

De allí la nostalgia.

La nostalgia por alguien distinto.

Por alguien que en verdad parezca un líder.

Por alguien que no use las mismas palabras de siempre y llame las cosas por su nombre.

Por alguien que se atreva a apuntar el dedo contra quienes conspiran contra nosotros.

Por alguien que *desafíe* al sistema.

Por alguien que prometa la ley y el orden.

Por alguien que comprenda las preocupaciones y miedos de la mayoría.

Por alguien que luzca fuerte, irredento, *sólido*.

Por alguien que disipe tanta maldita incertidumbre.

Y en esas estamos. El caso más evidente —que acaso sirve de modelo a los demás— es Rusia.

Un país desguanzado y desmoralizado tras el derrumbe de la Unión Soviética que, gracias a Vladímir Putin, ha recuperado la confianza en sí mismo. Sus errores, sus vicios o sus derrotas son lo de menos: se le reconoce su ímpetu, su energía, su talento para hacerle creer a la mayoría que él, y sólo él, puede rescatar a su patria del abismo.

No es casual que Trump lo alabe y lo envidie, y acaso haya sucumbido a su seducción: lo que promete como presidente es justo lo que Putin prometió —y cumple a medias— en estos años: mano de hierro y la milagrosa identificación con su pueblo.

15

La principal promesa de campaña de Trump fue la construcción de un Muro en la frontera con México. Un muro inútil donde ya existen miles de kilómetros de alambradas y verjas. Si ha insistido tanto en ello, es porque se trata de un símbolo político. De un emblema de su visión del mundo.

Los humanos somos caminantes que no hemos dejado ni un solo segundo de ir hacia adelante, atravesando desiertos y tundras, ríos y océanos, cordilleras y valles, bosques y selvas, en una marcha que acaso nos lleve a otros planetas. Somos, si acaso, vagamente sedentarios: nuestras piernas nos han vuelto inconformes y aventureros. Nos instalamos por un tiempo en regiones que nos parecen seguras o confortables, pero si las condiciones cambian, si advertimos una inundación o una sequía, los caprichos de un líder sanguinario o un entorno violento, una persecución política o religiosa o los destrozos y calamidades de la guerra, no dudamos en movernos, siempre dispuestos a explorar otras tierras.

¿Cómo habría de detenernos un muro?

Si las murallas de China o de Roma no frenaron a mongoles y bárbaros, ¿cómo las vallas o las empalizadas que alzamos entre los países ricos y los depauperados, entre los pacíficos y los desgarrados habrían de detener a caminantes que harán lo que sea con tal de llegar al *otro lado*? ¿Y cómo miles de policías o guardias fronterizos habrían de impedir la entrada de todos esos caminantes dispuestos a internarse en el desierto, a cruzar cordilleras y hondonadas, a nadar ríos caudalosos, a surcar los mares en barcazas hechizas, a atravesar esos límites artificiales impuestos por unos cuantos?

En *Mentiras contagiosas* recordaba la leyenda en torno a la fundación de Roma: una vez que Rómulo ganó la apuesta para darle su nombre a la ciudad creada por él y por su hermano, lo primero que hizo fue trazar sus fronteras y decretar que quien osase traspasarlas sería ejecutado al instante. Resentido tras perder el reto, a Remo se le hizo fácil burlar la advertencia de su gemelo, el cual no dudó en atravesarle el pecho con una espada. El infeliz se convirtió en víctima emblemática de las fronteras.

Millones han seguido su ejemplo: si muchos han conseguido eludir vallas, alambradas o murallas, escapando del acecho de sus guardianes, otros tantos han sido devueltos a sus lugares de origen, encerrados o asesinados en el intento.

¿No nos damos cuenta de que nacer de un lado u otro no es sino un hecho fortuito, producto del azar y no de un derecho adquirido por el trabajo o el esfuerzo?

Pero quienes se hallan del lado "correcto" de una frontera están convencidos de que merecen estar allí, de que un pasaporte o una identificación los distingue de los miserables que sufren y padecen del otro lado.

La tara se recrudece en nuestros días: basta escuchar a los politicastros que triunfan en todas partes, empeñados en convencer a sus compatriotas de que los inmigrantes son la mayor amenaza a su seguridad y a su tranquilidad de espíritu. No es gracias a la solidez de los ladrillos o la eficacia de los agentes migratorios que las fronteras se sostienen, sino a la instrumentalización de este pánico ancestral.

Mil quinientos años después de la caída de Roma y quinientos de la caída de Constantinopla, los bárbaros de Cavafis y de

Coetzee siguen aterrorizando. Lo peor: esta lógica se mantiene no solo en el discurso de los políticos xenófobos, sino en nuestras democracias liberales cada día más receptivas a las soflamas de la ultraderecha.

¿Cómo es posible que el presidente de Estados Unidos haya dicho una y otra vez que los mexicanos que llegan sin papeles a ese país son violadores y maleantes sin que su carrera quede destruida?

¿Y cómo es posible que el presidente y el gobierno de México no se hayan opuesto con dureza a la mera idea del muro, sin importar quién vaya a asumir su costo?

En contra de los dichos de Trump y otros de su calaña, quienes abandonan sus patrias, sus familias y sus casas no son delincuentes ni criminales, sino quienes tienen las agallas para emprender esos largos trayectos, el coraje para abandonar sus pertenencias y sus familias y la libertad de espíritu para confiar en que encontrarán una vida mejor.

16

Todos somos populistas. Chávez, Maduro, Correa, López Obrador, Le Pen, Beppe Grillo, los Kirchner, Lula, Trump. Todos en el mismo saco. Una palabra que, en voz de quienes la usan, ha perdido todo sentido. Creer que todos estos políticos son idénticos ha sido un acto de ceguera. Y querer descalificar a uno de ellos sólo por llamarlo populista y hermanarlo con los demás es una muestra de deshonestidad política. No, no todos los populismos nos iguales. Y no todos los líderes populistas se cortan con las mismas tijeras. A fuerza de usarlo para todo, el término se ha desgastado y desdorado. De nada sirve decir que Trump es populista, aunque lo sea. El epíteto que mejor le conviene quizás sea otro: fascista.

Hay palabras-sombrilla que, a fuerza de usarlas en un sentido y en otro, de traerlas de aquí para allá, de manipularlas y torcerlas, de endilgarlas y engordarlas, terminan por designar cosas muy distintas a la vez.

Palabras que, a fuerza de lanzarlas a diestra y siniestra, significan cualquier cosa. Hasta que no significan nada.

Una de las palabras-sombrilla más socorridas de nuestro tiempo es "populismo". Lejos de las precisiones académicas a las que nadie presta atención, medio mundo la utiliza para señalar fenómenos distintos y con frecuencia opuestos. Y, sobre todo, para juzgar negativamente cierta posición política —en especial la de un contrario— y nulificar a quien la representa.

Sabemos, con Roland Barthes, que ninguna palabra es inocente y que su uso suele decir más sobre las intenciones de quien la emplea que del objeto o la actividad que busca describir. No es raro escuchar, hoy, que el mayor peligro que nos acecha a inicios del siglo XXI es el *populismo*, como si semejante advertencia dijese algo importante o nuevo.

Del mismo modo, a diario leemos en diarios y revistas un sinfín de peroratas en contra del populismo que triunfa por doquier, sin que los autores de tales diatribas se preocupen por separar a Trump de Chávez, a Le Pen de López Obrador, a Uribe de Podemos, a Beppe Grillo de Geert Wilders, a Syriza del Partido Nacionaldemócrata de Alemania... Desde esta perspectiva, todos los populismos son perversos porque su punto de contacto radica en su obsesión por desmantelar el *statu quo* para sustituirlo por un nuevo orden ajeno a los equilibrios de la democracia liberal.

Y, si estos críticos no usan el término populistas, se valen de otra palabra-sombrilla: *antisistema*, como si las gradaciones, motivos, programas e intereses de quienes se oponen al *establishment* cupiesen en el mismo paquete.

La trampa ideológica viene de lejos y mantiene la lógica de la guerra fría que, a fin de oponerse a la dictadura manifiesta del comunismo —y a sus reticentes aliados de entonces, los socialistas—, apoyó todas las políticas de derechas cerrando filas en torno a figuras como Reagan o Thatcher. De allí que, décadas después de la caída de Muro y de la URSS, los adversarios de los populismos de izquierda sigan creyendo que son los enemigos a vencer.

Sin duda numerosos gobiernos de este entorno, como los de Maduro o Dilma Rousseff, terminaron en el desastre en su afán por imponer un modelo social y económico alternativo. Pero no ha ocurrido lo mismo con otras izquierdas latinoamericanas, como la Bolivia de Morales o el Uruguay de Vázquez y Mugica, cuyos modestos éxitos no deben desdeñarse.

Como fuere, dado que la izquierda populista vive sus horas más bajas tras las muertes de Chávez y Castro, sus críticos se aprestan ahora a enfrentarse a Trump y sus pares valiéndose de los mismos argumentos.

El objetivo de los populismos de izquierda, como el de la izquierda en general, radica en buscar un equilibrio en la repartición de la riqueza y las oportunidades, asumiendo que sólo unos pocos se han beneficiado del sistema. A veces, esta redistribución ha sido exitosa; otras, ha constituido un fiasco descomunal debido a la corrupción o a la impericia, como en Argentina, Brasil o Venezuela. Pero ello no los emparienta con Trump y con los suyos.

El populismo de derechas, como en general toda la derecha conservadora, tiene un planteamiento opuesto: mantener la desigualdad a toda costa. Y rechazar, en sus extremos, a las minorías o los inmigrantes que arrebatan sus privilegios a quienes los han detentado desde siempre.

Sólo si nos damos cuenta de que el nuevo enemigo representado por Trump, Le Pen y compañía no es *otro* populismo, sino un feroz movimiento de ultraderecha obscenamente demagógico y cercano en sus bases ideológicas al fascismo, con su desdén por la verdad y su horror a los otros —y, en el caso estadounidense, a esos otros que somos los mexicanos—, seremos capaces de emprender el gran combate en su contra.

17

Primero fue el miedo. Y luego la rabia.

No ha sido enfado, enojo o mero encono. Tampoco indignación, como hace unos años. Menos aún desesperación, desasosiego o desesperanza. Ni siquiera furia o ira. Ha sido rabia. Una rabia agreste y salvaje, desmedida, estruendosa, burda, ingobernable. Si una imagen ha de quedar de estos años ciegos y sordos, plagados de improperios y verborrea, de groserías e insultos, de amargas sorpresas sobrepuestas, sería la de una boca abierta, la quijada tensa, los colmillos filosos y la lengua retorcida, cubierta por completo de saliva fétida y espumosa.

La rabia.

Una rabia que resultaría incomprensible si reparásemos, como Yuval Noah Hariri, en que, pese a los innegables horrores que nos circundan, vivimos una de las épocas más prósperas y menos violentas de la humanidad. Pero esa perspectiva de largo plazo, meditada y serena, no se acomoda con el espíritu de nuestro tiempo, y en particular de estos días.

Poco importa que hayan disminuido como nunca las hambrunas, las plagas y las guerras, que la mayor parte de los países tengan regímenes más o menos democráticos, que las esperanzas de vida hayan crecido para la mayor parte de la población. La rabia no entiende de razones, no proviene de un cálculo matemático ni se doblega ante un modelo estadístico: es puro impulso desbordado.

Hay que insistir, sin embargo, en que la rabia —y sobre todo una epidemia como la que hoy devasta el planeta— no surge de la nada, sino que se incuba poco a poco hasta alcanzar un umbral o una masa crítica que la torna muy contagiosa e irrefrenable.

Hasta hace poco existía una incomodidad o un malestar difuso, sobre todo entre aquellos que habían logrado acomodarse bien que mal a la lógica de sus propias comunidades, que los llevaba a desconfiar de sus gobernantes y los predisponía en contra del egoísmo de sus élites, que les imbuía un pánico natural ante el futuro y los unía en torno a sus prejuicios. Ésa era la leña verde: sectores que se sentían sobajados u olvidados, despreciados o desoídos. A la que se arrojó la tea ardiente: el discurso incendiario, trufado de mentiras y de odio, de unos demagogos sin escrúpulos.

Y la rabia se extendió sobre la faz de la Tierra.

La rabia de ingleses y galeses contra la Unión Europea.

La rabia de los colombianos no contra la guerrilla, sino contra el gobierno que se arriesgó a firmar la paz.

La rabia de millones de estadounidenses contra Washington.

Lo peor es que la rabia siempre requiere de enemigos, blancos a los cuales achacar la culpa de todas nuestras desgracias: los inmigrantes del este de Europa que nos arrebatan los empleos en las depauperadas urbes inglesas; los guerrilleros que se apoderarán del país imponiéndonos el castro-chavismo; los mexicanos criminales que nos roban y violan a nuestras mujeres; o los musulmanes con su religión de terroristas.

Y esto solo en estos casos, pero la rabia también se decanta en contra de los refugiados sirios en Europa, de los maestros huelguistas en México, de los disidentes en China o Rusia, de los árabes en casi cualquier parte.

El año de la rabia es el año de Farage, de Uribe y de Trump, con sus ácidas victorias, a quienes se aprestan a seguir otros de su calaña en los lustros venideros. Su ejemplo ha demostrado que, a fuerza de mentir y volver a mentir sin jamás arrepentirse, de reconcentrar los más viejos temores y de impulsar el odio a los otros —a todos los *otros*—, es posible ganar elecciones e imponer una narrativa del rencor por encima de los hechos.

La rabia es, para colmo, una serpiente que se muerde la cola: no solo anida en los corazones de los triunfadores de este año, esos politicastros y sus seguidores, sino entre los vencidos: el resto del mundo.

En *nosotros*.

La rabia hacia Trump y compañía emula la suya. Vivimos en una era de bandos antagónicos, irreconciliables. Una era en la que la sensatez queda en los márgenes y en la cual la razón y la solidaridad —esas dos medidas de lo humano— sufren días aciagos.

18

Barack Obama, presidente número 44. Donald Trump, presidente número 45. Los dos rostros de Estados Unidos.

El primero: semblante afable y sobrio, casi sin arrugas o marcas de expresión —ni siquiera después de ocho años agotadores—, un punto hierático, la cara alargada, los ojos despiertos e inquietos, escaneando más que observándolo todo, el cabello cortísimo, primero negro, luego entrecano, una sonrisa muy blanca y muy abierta, expansiva e hipnótica, las orejas de lobo feroz atento a escuchar cuanto sucede a su alrededor, el rictus un tanto aristocrático, en una feliz combinación de empatía y distancia. Y un detalle imposible de ser eludido, y menos en una sociedad tan preocupada por las diferencias y los orígenes étnicos: la piel negra.

El segundo rostro es su reverso: un cráneo más cúbico que ovoide, los ojillos apenas visibles tras las bolsas remodeladas por la cirugía, las cejas siempre arqueadas, casi translúcidas, la nariz afilada, el mentón altivo, los finos labios irremediablemente fruncidos en ese morro que Alec Baldwin tan bien copia en SNL, los mofletes anchos y lisos, de seguro meticulosamente masajeados y una sonrisa que, si aparece por error, es breve e irónica, obscenamente desdeñosa. Sin olvidar ese fleco amarillento o blancuzco o anaranjado que le cubre la frente como un bicho extraterrestre dotado con vida propia. Y, otra vez, la piel: ese tono rosado, a veces de plano carmín o bermellón, que solemos llamar *blanco*.

Como si los electores de ese país se hubiesen aferrado a la *unio contrariorum* o hubiesen querido remplazar a alguien con su exacto opuesto: uno no podría imaginar dos caras —por no hablar de las personalidades o las trayectorias— más adversas o antagónicas, pero también más representativas de las divisiones que vulneran a su sociedad desde tiempos inmemoriales.

Primero, un hombre que parecería reunir en sí mismo el *melting pot* —padre africano y musulmán, madre blanca, infancia en Hawái e Indonesia, carrera política en Chicago— y luego un sujeto que se obstina en encarnar lo *WASP*: blanco, anglo, protestante… y macho.

Pero tampoco se crea que aspiramos a revivir la frenología: una de nuestras mayores ventajas evolutivas ha consistido en la capacidad para leer los rostros de los otros.

Decantémonos, entonces, por sus actitudes, tan divergentes como sus rasgos: el primero, aunque un tanto profesoral e impasible, parece feliz o al menos razonablemente feliz, responsable y sereno, carismático y casi modélico: la perfección siempre irrita.

El segundo, en cambio, se muestra siempre enfadado. Siempre a un paso del exabrupto o de la furia. A un paso de burlarse de alguien, de insultar a alguien. Un quejica y un *bully*.

Si frente al primero uno se pregunta de inmediato: ¿cómo este hombre puede permanecer tan calmado en toda circunstancia?, frente al segundo la cuestión es: ¿por qué este millonario, a quien la vida le ha concedido todos los privilegios, está *tan* enojado? Y es que aquí, en la sola formulación de esta pregunta, donde podríamos encontrar la clave de su éxito, es decir, de por qué tantas y tantas personas votaron por él.

Y eso sin hablar de sus discursos. Discursos que, sin embargo, parecerían una prolongación de sus rasgos. El primero habló siempre de futuro y de esperanza y, si bien fue incapaz de cumplir la mayor parte de sus promesas, al menos nadie duda de que lo intentó y dejó a su país en mejores circunstancias de como lo encontró. El segundo, en cambio, únicamente habla del pasado, de un fantasioso pasado de grandeza y un presente catastrófico que sólo aparece en su imaginación. Quien ve hacia adelante y quien ve hacia atrás. Quien avanza y quien retrocede.

¿Ciclos históricos?

¿Necesidad de sustituir a un líder con su reverso?

¿Primero escoger a Superman y luego a Superman bizarro?

Bastará ver sus retratos unidos para siempre, el 44 y el 45, para constatar esta demencia. Tras ocho años de diversidad, tolerancia y responsabilidad, cuatro de intolerancia, racismo, inexperiencia.

¿La razón?

Que millones de ciudadanos enfadados con el sistema, más enfadados aún por sus arengas, se identificaron con ese rostro blanco, adusto, colérico y violento.

19

México, ya lo dije, es el primer frente de batalla para Trump. El demagogo prometió construir un Muro para dividirnos, deportar a nuestros ciudadanos, cargarnos con nuevos impuestos, destruir el equilibrio alcanzado por el Tratado de Libre Comercio. Cuatro amenazas directas que ya ha comenzado a cumplir.

Faltan sólo unos días para la investidura de Donald Trump como 45 presidente de Estados Unidos —el momento en que en verdad iniciará el ominoso 2017— y las señales de alarma se multiplican en todo el planeta, de modo particularmente grave para México.

Mientras se acorta la desasosegante cuenta atrás, el año de la rabia da paso al de la zozobra: semanas y meses de incertidumbre, dominados por los caprichos de un líder venal y atrabiliario, los prejuicios, odios y ansias de venganza de sus seguidores y la incapacidad de nuestro gobierno para oponérsele.

No se atisba el menor aliciente para el optimismo: una suerte de parálisis nos mantiene torpemente a la expectativa como el ratón que, fascinado ante los ojos de la serpiente, admira el sigilo con que ésta habrá de devorarlo.

Si todavía hay quien cree que Trump se moderará en su nuevo encargo, como si la Casa Blanca tuviese el poder de alterar de la noche a la mañana el temple de sus ocupantes —una ilusión tan peregrina como imaginar que nunca sería candidato o que nunca ganaría la elección—, basta observar al equipo de trabajo que ha elegido siguiendo el modelo de *The Apprentice* —una amalgama de millonarios y militares en cada puesto clave—, sus primeros mensajes como presidente electo —cada tuit, una ofensa—, sus primeros escarceos en política exterior —irritar a China o empeñarse en su defensa de Rusia— o sus primeras medidas —amenazar a Ford, GM y Toyota por construir plantas armadoras en México— para pulverizar cualquier esperanza.

A partir del 20 de enero, tendremos al mismo Trump que hemos visto mentir una y otra vez sin jamás arrepentirse; al mismo Trump que no ha vacilado en burlarse de sus rivales; al mismo Trump que ha sobajado a las mujeres, los musulmanes o los veteranos; al mismo Trump que se siente superior a todos los expertos; al mismo Trump que persigue enemigos por doquier para justificar su autoritarismo; al mismo Trump que ha prometido incrementar el arsenal nuclear de su país; al mismo Trump que desprecia los derechos humanos; al mismo Trump que no ha dejado de señalar a México y a los mexicanos como los principales obstáculos en su desorbitada promesa de "hacer a Estados Unidos grande otra vez".

Y así, mientras los políticos de ultraderecha, racistas, xenófobos, autoritarios, proteccionistas y ultraconservadores de todo el mundo se frotan las manos —¡demagogos del mundo, uníos!—, el gobierno de México no sale de su pasmo, incapaz de darse cuenta de lo que está por venir.

Ante una impopularidad extrema, fraguada entre los innumerables casos de corrupción y Ayotzinapa, acrisolada con la esperpéntica visita de Trump a Los Pinos y rematada con el alza del precio de la gasolina, la administración de Enrique Peña Nieto no logra articular un discurso mínimamente coherente para estos tiempos de zozobra.

Hasta ahora, la estrategia ha sido la prudencia extrema: no hablar de más, no alertar sobre el peligro para no hacerlo parecer aún mayor —aunque lo sea—, maquillar las amenazas como "desafíos" e insistir en el "diálogo constructivo" con quien no ha dejado de atacarnos.

Tras la crisis económica que se nos viene encima, en los próximos meses estaremos obligados a "renegociar" el TLCAN —un eufemismo que implica aceptar el menor número posible de exigencias de Trump—, al tiempo que tendremos que recibir a un número imposible de cuantificar de mexicanos expulsados de Estados Unidos: si Obama deportó a 2.5 millones entre 2009 y 2015, es infantil pensar que Trump —con un secretario ultra como Jeff Sessions— no superará esa cifra con rapidez. Y eso sin contar la respuesta ante la advertencia continuada de que pagaremos el infame Gran Muro.

La prudencia, si es que es prudencia y no mera inmovilidad, no es admisible: México requiere un nuevo discurso público —una nueva narrativa—, firme y nítido, para el abierto enfrentamiento que nos espera con Trump.

Una nueva narrativa que no podrá ser articulada sólo con palabras huecas y blandas, como las que hemos escuchado hasta ahora, sino con hechos y posiciones que demuestren un radical cambio de rumbo.

20

La respuesta mexicana a Trump ha sido lamentable, triste, descoordina-
da, timorata. Tras la esperpéntica invitación a Los Pinos, donde el presi-
dente Peña no sólo no se enfrentó con él por el tema del Muro, sino que
intentó disculparlo —sí, disculparlo— frente a millones, se impone recor-
dar otros momentos en que México ha estado en peligro y ha sabido res-
ponder con firmeza a las amenazas exteriores.

—Nadie que no tuviera su sensibilidad podría encontrar las palabras, no bonitas sino verdaderas, no en verso sino en mexicano,
para que entiendan todos los que aquí habitamos de lo que somos
capaces a la hora de ver en peligro nuestra soberanía. Nunca más
un 1863. Nunca más un país agachón.

En la escena imaginada por Pedro Ángel Palou en su novela *Tierra roja* (2016), de imprescindible lectura en estos tiempos,
el 9 de marzo de 1938, mientras regresan a Palmira tras haber visi-
tado el ingenio Emiliano Zapata, el presidente Lázaro Cárdenas
ordena detener su automóvil en el kilómetro 79 de la carretera a
Cuernavaca y le pide al general Francisco José Múgica, su secretario de Comunicaciones y Obras Públicas, que camine a solas a
su lado. Es allí donde le da la instrucción de redactar el decreto
para la expropiación petrolera.

El día 17, a las once de la mañana, reúne a sus colaboradores en
Palacio Nacional para comunicarles la noticia. No todos celebran
su arrojo. Eduardo Suárez, su secretario de Hacienda, pide bus-

car otra salida para no crear una reacción internacional contra el país; lo mismo expresa el subsecretario Beteta. Pero el resto de su gabinete lo apoya y en cualquier caso Cárdenas ya ha tomado la decisión y no piensa arredrarse.

Al día siguiente realiza el anuncio público, muy consciente al ver lo que ocurre en Europa de que la cesión o el miedo sólo pueden dar paso a la humillación o a la intervención extranjera.

Para demostrar su tranquilidad, dos días después cita a sus amigos para un día de campo en las faldas del Nevado de Toluca. Como es su costumbre, asciende hasta la *lagunita* hasta que empieza a nevar.

El 19 de marzo, de vuelta en Los Pinos, baja a su despacho a la medianoche y despierta a su hijo Cuauhtémoc para tomarse una foto con él para que recuerde la histórica fecha. A las 3 de la madrugada, firma el decreto.

En su libreta de apuntes, escribe: "Con un acto así, México contribuye con los demás países de Hispanoamérica para que se sacudan un tanto la dictadura económica del capitalismo imperialista".

Más allá de cualquier nacionalismo trasnochado, importa recordar estos episodios recreados por Palou. Cárdenas tenía muy en mente los Tratados de Tlatelolco, firmados por Álvaro Obregón bajo la presión estadounidense. No era un hombre que quisiera de antemano la confrontación con Estados Unidos y las demás potencias extranjeras, pero la arrogancia de las compañías petroleras no le dejó opción.

El paralelismo no es excesivo ni gratuito: desde esos turbulentos meses de 1938, México no había vuelto a ser objeto de una amenaza extranjera tan inminente. Desde el inicio de su campaña, Donald Trump no ha cesado en sus ataques contra nuestro país y nuestros ciudadanos. Y ya como presidente electo, no ha moderado su postura y, mientras nuestro canciller insistía en el carácter dialogante de Trump, éste reiteró que construirá su Gran Muro y que nos lo hará pagar de un modo u otro.

Es evidente que al interior del gabinete del presidente Enrique Peña Nieto hay secretarios que recuerdan a Suárez y Beteta y aconsejan prudencia y moderación. Pero hemos llegado a un punto en que éstas no nos servirán de nada, como sabía Cárdenas. La posición de México necesita ser *mucho* más enérgica.

Debemos manifestar nuestro absoluto desacuerdo no sólo con pagar el Muro, sino con su existencia misma por razones políticas, económicas, de derechos humanos.

Nos hallamos en un momento en el que nuestro gobierno duda entre bajar la cabeza o alzarla. A los ciudadanos comunes nos corresponde unirnos para exigir que nuestra posición no se parezca a la de Obregón, sino a la de Cárdenas.

21

Mensajes como bombas. Insultos, ultrajes, amenazas, mentiras en 140 caracteres. A las dos o tres de la mañana. Sad! *Trump ha hecho de Twitter no sólo su principal medio de comunicación, sino su mejor arma de combate. Como un adolescente que no consigue refrenar sus impulsos, el presidente tuitea sin ton ni son, desmintiendo a sus propios colaboradores. No sería de extrañar que, por primera vez en la historia, Trump declarase una guerra por redes sociales.*

Si el medio es el mensaje, como presuponía McLuhan, debemos asumir que Donald Trump es idéntico a Twitter, el instrumento de comunicación que ha elegido desde que era candidato para fijar sus puntos de vista sobre todos los temas posibles; para diseñar y apuntalar su agenda; para mentir con descaro; para atacar o burlarse sin empacho de sus rivales y enemigos; para dibujar su estilo personal que a su vez es su estilo de gobierno; y, en fin, para crearse no un grupo fiel de militantes, como cualquier otro líder, sino una audiencia como la que lo seguía semana a semana en sus incursiones como presentador de *reality show*.

Twitter: un espacio privado que ha sustituido al espacio público.

Un medio que privilegia la rapidez sobre la profundidad —con su límite de los 140 caracteres— y el ingenio sobre la reflexión o el análisis.

Un lugar donde se puede decir lo que sea —apenas hay tiempo de verificar los datos—, pues siempre hay un nuevo mensaje que, más que corregir, hace olvidar al anterior.

Una herramienta que puede ser utilizada a cualquier hora y en cualquier sitio —en la madrugada y en el baño de la Trump Tower—, en vez de comparecer en agotadoras conferencias de prensa donde hay que mirar a los ojos a los periodistas o emitir boletines revisados hasta la saciedad por los equipos de prensa.

Un ámbito cuyo mayor premio es la efímera virulencia del *trending topic*, donde se privilegia la agresividad sobre el civismo y el exabrupto sobre la prudencia.

Así es Trump, ungido como el hombre más poderoso del mundo (la frase hecha no debe quitarnos el horror ante la verdad que oculta):

Un millonario que nunca dejó de usar sus conexiones políticas para sus negocios; un sujeto que a diario confunde lo privado con lo público y es incapaz de advertir siquiera los conflictos de interés que lo rodean a él y a su familia.

Un hombre impulsivo, atrabiliario, irritable, incontenible, pendenciero, vengativo, violento y mendaz; unególatra que necesita que se hable de él a todas horas.

Un individuo sin ideas ni convicciones propias que altera sus principios con tal de obtener un aplauso.

Y, acaso lo peor, un gobernante dispuesto a acentuar el descontento, la frustración y la rabia de sus *followers* con el único objetivo de elevar su popularidad.

A pregunta expresa de Ainsley Earhardt, del programa Fox and Friends, Trump respondió que como presidente continuará usando Twitter: "No me gusta tuitear", mintió, "pero siento que los medios son deshonestos... y es la única manera en que puedo contraatacar".

La palabra clave es, por supuesto, *contraatacar*: un medio de comunicación entendido como un arma bélica y como parte de una estrategia de autopromoción. Así lo ha usado hasta ahora con un éxito que permite aventurar que no renunciará a él pese a las advertencias de sus consejeros.

Bravuconadas, salidas de tono cercanas a la censura, ataques personales, siempre entre la irritación y el escarnio.

Lo decía Bouffon: "el estilo es el hombre mismo".

22

Trump no es el único que se comporta como un troglodita. En las redes sociales, todos lo hacemos. Quizás, allí, todos somos Trump.

No han pasado ni cinco minutos —acaso ni tres— desde la última vez que entré a mirar y ya me corroe el ansia. *Necesito* volver allí, víctima de un síndrome de abstinencia. *Necesito* volver a espiar a los otros, reírme de sus chistes y sus insultos, sumarme a sus bravuconadas y sus descalificaciones, sentirme parte de un grupo aunque no conozca a sus demás miembros, incorporarme por un segundo a ese bando que parece tener siempre la razón —o ser más fuerte, más audaz, más violento que los otros—, imaginarme menos solo o menos débil, repetir sus frases más lacerantes e ingeniosas, descargar mi frustración o mi rabia o mi apatía, averiguar a cada instante lo que mis socios y mis enemigos —a quienes también desconozco— dicen de mí, exaltarme si me festejan o reiteran mis improperios, deprimirme si me machacan o, peor, si me ignoran, y rezar para que, en un golpe de fortuna, un famoso me siga o me promueva y alcance la evanescente celebridad en esta orgía de voces.

Igual que Trump, en Twitter me transformo en un adolescente caprichoso, voluble, inseguro, irascible. Es algo superior a mis fuerzas. A las fuerzas o la inteligencia de cualquiera. Imagino que, si se pudiese fijar la inteligencia mental que prevalece en esta red social, rondaría los 12 o 13 años. Esa edad en la que, presa de la inseguridad y las hormonas, las minucias nos afectan como catástrofes cósmicas, nuestra sensibilidad se derrama entre el llanto y el alarido, somos incapaces de decir lo que pensamos y nos acomodamos a lo que creemos que los demás quieren oír de nosotros, nos escondemos en la masa —o en una cuenta anónima— para atrevernos a hablar en público, estamos más atentos que nunca a las miradas ajenas, alternamos la vergüenza y la impudicia y, a la postre, nunca podemos ser nosotros mismos.

Un gigantesco salón de escuela. Esa institución que, ya lo recordaba Foucault, tanto se parece a la cárcel o el manicomio. Ese ámbito, casi desprovisto de frenos —los maestros y los padres apenas se enteran de nada—, en el que impera la ley de la selva. Ese mundo que la nueva serie de Netflix, *Por trece razones*, tan bien ejemplifica: un infierno en miniatura. En esta secundaria o preparatoria global, todos quedamos fijados en las mismas categorías que tanto daño nos hicieron de jóvenes.

En primer lugar, los *populares*: los que tienen miles o millones de seguidores y se pasean como aves impolutas por la ciénaga de Twitter. Estrellas del cine y la tele, futbolistas, *youtubers*, algún político y algún comentarista irredento. Pero también los *populares* de nuestro pequeño círculo: nuestros conocidos que tienen más seguidores que nosotros y a quienes tanto envidiamos. De ellos, a lo único que aspiramos es a que algún día nos vean. Mi reino por un *like*, mi sumisión absoluta por un retuit.

Luego están, claro, los *bullies*. Una horda cada vez más grande y voraz. Están allí solo para acosar —y, si se puede, destruir— al chivo expiatorio de turno. Poco importa que la causa sea buena o mala, humanitaria o ruin, falsa o cierta (aquí no hay tiempo para las dudas): cada semana, y mejor cada día, se impone linchar a alguien. Burlarse del infeliz con la mayor saña concebible, sin límites. Desollarlo. Arruinarle la vida. Y, si se comprueba que fue un error, ni modo: nadie se disculpa y los *bullies* simplemente cambian de objetivo.

Hay uno que otro *matado* —decíamos en mi época—, uno que otro ñoño, uno que otro *nerd*. Esos pocos que aún creen que la red es un espacio para la discusión sensata o la creación artística. Sobreviven en los márgenes y, si consiguen que nadie los moleste, prosperan en su realidad alternativa.

Y en fin, el resto: los fisgones que solo miran y se exhiben con cierta precaución. Esas "personas normales" que, sin embargo, una vez allí, apenas resisten la inercia y apenas tardan en sumarse a los *bullies*, y de pronto festejan o celebran sus sentencias inquisitoriales sin darse un segundo para la reflexión o el análisis, sin concederse un instante para atisbar sutilezas o matices, sin espacio alguno para la empatía. Al final, todos somos Trump.

23

Como en México estamos acostumbrados a que las promesas de campa-
ña sean sólo eso, promesas que los políticos nunca habrán de cumplir, el
que Trump parezca a decidido a llevar a cabo las suyas, incluso las más
absurdas o enloquecidas, nos ha vuelto a tomar por sorpresa. La peor
de todas: ese Muro con el que el Rey Zanahoria parece soñar todas las
noches, quizás porque se imagina a Estados Unidos como un gran cam-
po de golf felizmente separado del resto del mundo.

Por fin, el Muro.

Muchos insistían en que era una bravuconada más. Otro de
sus desplantes de campaña. Un anzuelo para atraerse a un mayor
número de votantes blancos desencantados y racistas. Un proyecto
irrealizable que Trump dejaría atrás al llegar a la Casa Blanca. Un
gran Muro, un *bello* Muro —son sus palabras— que terminaría
convertido en una maltrecha verja. Y, una vez más, se equivoca-
ron. El Muro: una medida de la Edad Media para los albores del
siglo XXI.

Quienes carecen de perspectiva histórica no comprenden que,
en política, los símbolos suelen resultar más poderosos que los
hechos. Que los símbolos producen hechos. El Muro de Berlín era sobre todo un símbolo. Y la Cortina de Acero, sagazmen-
te inventada por Churchill, ni siquiera tenía existencia real. Dos
símbolos utilísimos para fijar no tanto una frontera física como
una imaginaria.

La división entre dos esferas irreconciliables: los de adentro y los de afuera; los amigos y los enemigos; nosotros y ellos. Nosotros *frente* a ellos. Nosotros *contra* ellos.

De ahí el anhelo de tantos por abatirlos. De ahí, incluso, el ímpetu de Reagan —con quien Trump se compara falazmente— por derrumbarlos. Y de ahí, en especial, el temple de millones de ciudadanos de Europa Central y del Este por destruir esa frontera que circundaba tanto sus cuerpos como sus mentes.

A la larga, ningún muro ha servido para contener a los extranjeros o a los nativos que se han empeñado en traspasarlos, pero han sido el pretexto ideal para un sinfín de asesinatos, violaciones a los derechos humanos, vejaciones y deportaciones. Piénsese, si no, en el que separa a Israel de Palestina.

Un símbolo que justifica y alienta el racismo, la xenofobia, el desprecio y el desconocimiento de los otros, el nacionalismo y el chovinismo extremos.

El Muro es el reverso de la *Declaración Universal de los Derechos Humanos* —otro símbolo—, pues encarna la idea de que no todos los seres humanos somos iguales.

Para Trump, el Muro *también* es un símbolo: el estandarte de unos Estados Unidos preocupados sólo por sí mismos, de un país que revive su añeja tradición aislacionista —que casi lo lleva a permitir el triunfo de Hitler en la Segunda Guerra Mundial— y se considera superior a todos los demás; una barrera que busca frenar la infección representada por los inmigrantes mexicanos y latinoamericanos, una vacuna para esterilizar a los estadounidenses blancos y protestantes de la contaminación externa.

El Muro es una humillación para México.

Esta debería ser la última prueba de que la diplomacia tradicional no sirve frente a un demagogo dispuesto a quebrantar el estado de Derecho y a romper todas las normas de convivencia internacional. Ha llegado la hora de que gobierno y ciudadanos asumamos que México se halla frente a una situación de emergencia.

Nos corresponde imaginar iniciativas ciudadanas para circundar su llamado al odio; forzar a nuestro gobierno a encararlo con tanta determinación como imaginación política; trabar nuevas alianzas en el resto del mundo; encabezar una defensa global de los derechos humanos y los valores de nuestra civilización ante la incipiente tiranía de Trump.

24

Nada más aterrizar en Bogotá para participar en un congreso literario, encendí mi teléfono y me dispuse a ver, azorado, la transmisión de la comparecencia conjunta del presidente Enrique Peña Nieto y el candidato republicano Donald Trump en Los Pinos. Detrás de ambos, un gran escudo mexicano. Al terminar, no podía creer lo que había visto. Tuve que volver a observar cada escena para convencerme de que había sido real. Invitado a instancias del entonces secretario de Hacienda, Luis Videgaray, Trump recibió el tratamiento de un jefe de Estado. Cuando el resto del mundo se burlaba de él, en México lo agasajamos como a un rey y le concedimos una fachada aceptable. Aturdido como un boxeador que ha recibido un mazazo en la cabeza, el gobierno mexicano tropieza una y otra vez. A cada intento de negociar, Trump responde con un nuevo golpe. Es claro que el compadrazgo o la amistad de Videgaray con Jared Kushner, el yerno y consejero del demagogo, no ha servido de nada. Se impone cambiar de rumbo. Olvidarnos de la "unidad nacional" para diseñar, en la suma de un sinfín de voces críticas, una auténtica estrategia conjunta para enfrentar a la Amenaza Naranja.

Desde el inicio de su campaña, cuando comenzó a superar a los demás candidatos republicanos por caracterizar a los inmigrantes sin papeles como criminales y violadores prometiendo la construcción de un Gran Muro para detener a los "*bad* hombres" —el uso del español de manera negativa no es gratuito—, la estrategia de México para contener a Donald Trump ha sido errática, incoherente y contraproducente.

105

O, más bien, no ha habido estrategia alguna.

Nuestras reacciones a botepronto y nuestra inacción han sido en buena medida responsables de la amenaza que hoy se cierne sobre el país.

La elección Trump es sin duda una sorpresa, pero ello no implica que México no hubiese debido tomar posiciones más enérgicas para contrarrestar sus descalificaciones y el acoso sufrido por nuestros connacionales en Estados Unidos. En vez de ello, optamos por el silencio.

Maniatados por los rescoldos de la anquilosada Doctrina Estrada, en un primer momento el régimen asumió la posición de que las primarias y la elección presidencial eran asuntos internos de otro país en los que no debíamos inmiscuirnos, como si su resultado no fuera a tener impacto directo sobre nosotros.

Mientras el peligro crecía, nos quedamos pasmados como la chinchilla frente a la serpiente que se apresta a devorarla. Y no hicimos nada excepto practicar esa arraigada pasión nacional por los eufemismos y la palabrería: decir que estamos muy inquietos y muy preocupados, que defenderemos, que impulsaremos, que vigilaremos… Ni una sola acción concreta. Y ni siquiera una clara defensa de nuestros emigrantes y de los valores esenciales de la democracia frente a la deriva fascista de Trump.

Hasta que llegó el día en que por fin hicimos algo. Birlando toda prevención diplomática, nuestro todopoderoso secretario de Hacienda invitó a Trump a Los Pinos con el formato de una visita de Estado. El demagogo fue cortés hasta que al final se atrevió a hablar del Muro en nuestra casa. Ocurrió entonces uno de esos instantes en los que la historia bascula y se define. En vez de convertirse en un héroe o al menos en un líder capaz de revertir su pasmosa impopularidad, nuestro presidente disculpó a Trump ante un país —y un mundo— anonadados ante su impericia.

A su regreso a Estados Unidos, Trump afirmó que México pagaría el Muro a cualquier costo y se enzarzó en un torpe intercambio de tuits con nuestro presidente. Nunca sabremos en qué medida esta visita contribuyó a la victoria del millonario, pero a partir de entonces comenzó a subir en todas las encuestas. En vez de tomar el exabrupto como antecedente, perseveramos en nuestro pasmo mientras la aprobación del gobierno caía a límites insólitos y Luis Videgaray, el responsable de la visita, era defenestrado.

Tras la victoria de Trump, el gobierno quiso hacer pasar el error como astucia y Videgaray volvió al ruedo como responsable de Relaciones Exteriores, donde dijo estar dispuesto a "aprender". El aprendizaje duró poco: convencido de que su "palanca" con Jared Kusher le serviría de apoyo, se lanzó a negociar el mismo día en que Trump firmó un decreto que impulsaba la construcción del Muro: una nueva bofetada. En lugar de cancelar su viaje a Washington de inmediato, nuestro presidente volvió a arredrarse y Trump lo obligó a anular su viaje con un tuit. Al desencuentro le siguió otro: una conversación telefónica entre Peña y Trump en la que, más allá de los dimes y diretes, queda claro que la actitud del estadounidense continúa siendo de abierta hostilidad.

La estrategia que hoy se vuelve imprescindible no debe pasar, pues, por secundar el fiasco de nuestros negociadores. Se impone que se articule a partir de un sinfín de voces críticas. Una estrategia de largo plazo que nos permita un punto de salida firme para la ardua negociación que se avecina en vez de continuar con las ocurrencias de nuestros políticos que, al menos en este punto, comparten el carácter improvisado de Trump.

25

¿Vivir rodeados por un Muro? Antes de que Trump lo anunciara, la televisión lo imaginó. Una pesadilla que remite al nazismo. En la que, como tuiteó otro halcón, Benjamin Netanyahu, México se convierte en una colonia del Imperio.

Cuando despiertan, Katie y Will, así como los demás habitantes del suburbio en el que habitan, observan anonadados cómo un muro cae del cielo y los rodea por completo. No sólo un gran, hermoso muro, sino una muralla gigantesca, de más de treinta pisos de altura y varios metros de ancho, que los separa de las demás reservas en las que ha quedado dividido el sur de California —y quizás el resto del planeta.

La vasta obra de ingeniería, cuya construcción no se revela sino hasta el inicio de la segunda temporada de *Colony*, la serie de televisión creada por Carlton Cuse (uno de los productores de *Lost*) y Ryan J. Condal, no es sino la prueba más extrema a la que son sometidos los humanos tras la invasión extraterrestre que los convierte en prisioneros de un vasto e interminable campo de concentración.

Aunque su primera temporada se estrenó antes de que, en la mayor distopía imaginable, Trump ganase las elecciones presidenciales, se ha convertido en el reflejo más actual (al menos dentro de la cultura *mainstream*) de la amenaza que éste representa, como si todos sus delirios en torno a *Make America Great*

Again hubiesen sido trasladados por anticipado a la pantalla. Porque el mundo diseñado por Cuse y Condal cuenta con dos referentes obvios, los mismos que Trump parece querer imponernos: el universo nazi, con su base de racismo y discriminación, y las políticas coloniales diseñadas por las grandes potencias para sojuzgar a pueblos *primitivos* que debían ser civilizados a sangre y fuego.

Aunque la proliferación de símbolos rojinegros refiere de manera demasiado evidente a la imaginería hitleriana, uno de los aciertos de la serie consiste en no mostrar nunca a los *aliens*, los cuales aparecen así como una ominosa fuerza represiva, invisible y arcana, que es posible identificar con cualquiera de los autoritarismos que proliferan en nuestro tiempo.

Mirándolo así, como un acto de dominio edificado de la noche a la mañana por unos implacables invasores, el Muro exhibe su carácter arbitrario, injusto y absurdo.

Poco importa que las familias queden divididas (como la de Will y Katie o las de miles de inmigrantes latinoamericanos): la seguridad, como advierten los entusiastas colaboradores de los extraterrestres, ha de ser siempre lo primero.

Igual que en las fantasías de Trump, quienes se atreven a cruzar el Muro, como el hijo mayor de la pareja protagónica, reciben el peor castigo imaginable: el traslado a la Fábrica, un lugar de horror del que nadie vuelve y que hace pensar en los campos de exterminio.

La réplica del nazismo —o, en general, del totalitarismo— se actualiza: los derechos humanos no importan a nadie, no hay freno alguno al poder de los extraterrestres (llamados, eufemísticamente, "huéspedes"), la justicia es apenas un remedo de justicia (como cuando Trump sobaja y se burla de los jueces) y la manipulación de la verdad, o la mezcla de verdades, mentiras y omisiones, es la norma de vida en la "colonia": el mismo universo al que apela Trump cuando se refiere a que el Muro con México funcionará para detener a los "*bad* hombres", así como el muro israelí detiene a los terroristas palestinos en los territorios ocupados.

Acaso la parte más siniestra del entramado sean precisamente los colaboradores de los alienígenas: esa suerte de *Sonderkommando* formado por humanos dispuestos a humillar, maltratar y asesinar a otros humanos con tal de recibir pingües beneficios o, en el caso más angustiante, de mantener vivas a sus propias familias. Son esos colaboracionistas, como los electores que siguen apoyando las políticas de Trump, a quienes debemos ver como los auténticos villanos de la historia: son ellos quienes permiten e impulsan las atrocidades de su líder, quienes ejecutan sus órdenes y se someten dócilmente al poder autoritario.

Frente a ellos está la Resistencia, de la que forma parte Katie y a la que Will, antiguo policía, se suma a regañadientes. La resistencia que se mantiene viva en todas partes, a cualquier costo, con tal de frenar a estos alienígenas fascistas que tanto se parecen a Trump.

26

Hay quien piensa que Trump es un pragmático sin ideología. Un millo-
nario excéntrico que sólo se fija en sí mismo y a quien sólo le preocupa
su propia popularidad. Un hombre sin cultura y sin ideas. Quizás sea
así, pero detrás suyo está uno de los ideólogos más peligrosos del planeta,
cuya agenda parece seguir fielmente. Sus ocurrencias, desde esta perspec-
tiva, forman parte de un programa de acción cuidadosamente diseñado
por su consejero áulico, su eminencia negra, su Gran Gurú.

Si no fuese auténtico, parecería el villano perfecto para una película de James Bond: obeso, desaliñado, con una cabellera color plata
siempre mal peinada, brillante y sabihondo —en su círculo lo apo-
dan La Enciclopedia—, millonario y excéntrico, amargado por la
bancarrota de su padre tras la crisis de 2008 (su Rosebud particular)
y decidido a vengarse de ese mismo *establishment* que lo encumbró
pero que en el fondo desprecia con todas sus fuerzas. Un ilumi-
nado con la perspectiva escatológica que caracteriza a los grandes
resentidos: la idea de que vivimos en una época de honda decadencia que ha de ser arrasada desde sus cimientos para volver a la luz.

Al pronunciar su nombre se imponen las sombrías notas de
John Williams que anuncian a Darth Vader y no extraña que *Satur-*
day Night Live lo parodie como un maléfico esqueleto con gua-
daña: Steve Bannon, empresario e inversionista de éxito, antiguo
marino, productor de televisión (su fortuna deriva de *Seinfield*)
y de cine (*The Indian Runner*, con Sean Penn, y *Titus*, de Julie

Taymor, la directora de *Frida*) y sobre todo *agent provocateur* o guerrero cultural, primero en el ámbito del periodismo, desde que empezó a colaborar en el sitio ultraconservador *Breitbart News* hasta que, a la muerte de su fundador y amigo, se convirtió en su editor, y luego como documentalista.

Es en estos terrenos donde pueden observarse más claramente sus obsesiones sociales, históricas, filosóficas y políticas, retomadas por su jefe, Donald Trump, quien no por nada lo convirtió en su principal asesor en la Casa Blanca.

La carrera como agitador mediático del "segundo hombre más poderoso del mundo", como lo llamó *Time*, se inicia a partir de su desencanto con Jimmy Carter y su nostalgia por Reagan, magnificada en dos películas hagiográficas: *In the Face of Evil: Reagan's War in Word and Deed* y *Still Point in a Turning: Ronald Reagan and his Ranch*.

A partir de ahí, entra en escena su visión catastrófica de la sociedad estadounidense, traducida en la necesidad de destruir su sistema para reconstruirlo desde sus cenizas (se le dice admirador de Lenin), plasmada en el documental *Generation Zero*, basado en *The Fourth Turning*, de William Strauss y Neil Howe, donde Bannon insiste en la idea de que cada ochenta años Estados Unidos entra en un nuevo ciclo marcado por una gran confrontación bélica (la Independencia, la Guerra Civil, la Segunda Guerra Mundial) que trastoca drásticamente a sus élites.

Según él, nos aproximamos a ese cuarto momento de crisis y en la película llega a afirmar que una nueva guerra está próxima (desatada, previsiblemente, por el combate contra el "fascismo islámico").

Pero sus documentales exhiben igualmente su encono hacia los inmigrantes sin papeles y la necesidad de blindar la frontera con México: en *Cochise County USA: Cries from the Border*, señala el caos imperante en un pueblo fronterizo, y en *Border War: The Battle over Illegal Immigration*, no duda en afirmar que a los indocumentados: "la derecha los ve como trabajadores baratos, la izquierda como votantes baratos" al tiempo que instrumentaliza la crisis humanitaria de los mojados para disfrazar su desprecio hacia los no blancos.

No obstante, la película que quizás haya tenido más impacto de entre las suyas sea *Clinton's Cash: The Untold Story of How an Why Foreign Governments and Businesses Make Bill and Hillary Rich*, que, con sus repercusiones en el *New York Times* o el *Washington Post*, contribuyó a fijar la imagen de Hillary Clinton como una mujer venal y sin escrúpulos, concentrada en ganar dinero y en defender la podredumbre de la clase política tradicional, y acentuó el descrédito que a la postre la llevaría a perder las elecciones.

A Bannon (nacido el 27 de noviembre de 1953 en Norfolk, Virginia), como a otros de los siniestros consejeros áulicos o eminencias grises de la historia —en un rango que va de Fouché a Rasputín y, en el caso mexicano, de Emilio Uranga a José María Córdoba—, se le ve no sólo como el poder detrás del trono, sino como el auténtico poder.

Al inicio de la campaña de 2016, Bannon señaló que Trump era una criatura imperfecta, no demasiado apta para cumplir con la agenda que él y los suyos —la extravagante cofradía que se autodenomina *Alt-Right*— querían imponerle a Estados Unidos, pero a partir de que el lobista conservador David Bossie lo condujese al *sancta sanctorum* de la Trump Tower, se dio cuenta de que tenía posibilidades reales de modelar e instruir al volcánico empresario neoyorquino. En una mezcla de *Frankenstein* con *Pygmalion*, a partir de ese momento Bannon se dio a la tarea de educar a su monstruo, de aprovecharse de su ambición, su ego y su ira hasta obligarlo a asumir su *Weltanschauung* como propia.

¿Y cuál es esta visión del mundo?

En apenas unos meses hemos tenido oportunidad de verla en acción, pues casi todas las medidas impulsadas por la administración Trump en estas caóticas semanas, del decreto contra los musulmanes al Muro, tienen su origen en las ideas de la "derecha alternativa".

Como todo buen pesimista, Bannon no se equivoca al detectar los síntomas de decadencia de la sociedad estadounidense: para él, las élites gobernantes —ese Washington que Trump compara con un pantano— han dejado de preocuparse por los ciudadanos comunes, obsesionadas sólo con enriquecerse y mantener sus privilegios.

La Gran Recesión de 2008 le parece a Bannon, no sin razón, el punto de quiebre de esta actitud y coincide con los críticos de izquierda al señalar que se trató de la "mayor transferencia de capitales de la clase media a los ricos en la historia reciente".

Su rabia contra el sistema se inspira en el hecho de que ninguno de los responsables de la crisis, ningún inversionista sin escrúpulos, ningún político corrupto y ningún CEO fallido, haya sido enjuiciado o haya terminado en la cárcel. Como sabemos, a veces los extremos se tocan y en este punto las tesis de Bannon apenas se alejan de las de Occupy Wall Street o Bernie Sanders.

Pero el que la derecha alternativa y los movimientos anticapitalistas o altermundialistas coincidan en su diagnóstico no significa que ofrezcan soluciones parecidas. Porque donde la izquierda radical aboga por una mayor regulación de los mercados y una supervisión estricta de la acción política, Bannon y los suyos prefieren desatar las fuerzas que acaben de una vez por todas con el sistema.

Trump ha hecho suyo su énfasis en ponerse del lado de las víctimas de la globalización, que en este esquema es siempre la clase media blanca y protestante que ha perdido su hegemonía y sus esperanzas de progreso.

De ahí que el enemigo principal de su causa sean las fuerzas que mantienen vivo al sistema: en primera instancia, los medios tradicionales, a los que Trump y Bannon han declarado abiertamente la guerra.

Conforme a su estrategia, los *hechos alternativos* no son mentiras, sino desafíos a la narrativa liberal que cobijan al *establishment*.

Y de ahí también su cruzada contra los musulmanes, los mexicanos y, en general, los extranjeros: igual que Hitler, Bannon necesita que su base de votantes se asuma como explotada y vilipendiada por los *otros* —allá, los judíos; acá, los inmigrantes, las minorías y los terroristas islámicos— para conservar su base de apoyo y mantener viva su revolución.

A últimas fechas, Bannon parece haber perdido una parte de su influencia —hace poco fue expulsado del Consejo de Seguridad Nacional—, al parecer por su disputa con Jared Kusher, el yerno de Trump que es judío ortodoxo. "Yo soy mi propio consejero principal", llegó a decir Trump en lo que pareció una descalificación de Bannon.

Tal vez el ideólogo haya perdido fuerza en el entorno de Trump, pero sus ideas siguen allí.

27

Comparar a Trump con Hitler suena excesivo. El demagogo no ha orde-
nado matar a nadie y no ha decretado —aún— ninguna invasión. Se
impone precisar, entonces: Trump se parece al primer Hitler, al Hitler que
en 1933 llegó al poder tras unas elecciones democráticas. Al líder que pro-
metía "hacer grande a Alemania otra vez" y que veía como su principal
enemigo a una raza que no merecía ser considerada ciudadana del Reich
y que había que expulsar a toda costa.

El 15 de septiembre de 1935, convocado por el Partido Nacio-
nalsocialista Alemán —victorioso tras las elecciones democráticas
celebradas dos años antes—, el Reichstag aprobó la *Ley sobre ciu-*
dadanía del Reich y la *Ley para la protección de la sangre y el honor*
alemanes, cumpliendo así con una de las grandes promesas que el
canciller Adolf Hitler había enarbolado a lo largo de su campaña
y a las que denominó, en uno de los exabruptos que tanto entusiasmo desataban entre sus seguidores, su "Biblia".

Las llamadas *Leyes de Núremberg* regulaban minuciosamente la
relación entre los sujetos con sangre alemana "o relacionada" (es
decir, los arios) con los judíos, a los que se agregarían luego los
gitanos, los negros y "sus bastardos".

En el kafkiano inventario destinado a diferenciar estas *razas,*
establecían quiénes podían ser considerados ciudadanos de ple-
no derecho (condición reservada a quienes tuvieran un abue-
lo judío y no practicaran esta religión), frente a los ciudadanos

a título parcial (los mestizos o *Mischlingen*, con dos o tres abuelos judíos) y los que perdían la ciudadanía (quienes tenían tres abuelos judíos o los *Mischilingen* con dos abuelos judíos que practicaran su religión). Asimismo, vetaban el matrimonio y las relaciones sexuales entre alemanes y judíos y enunciaban las severas penas a las que se enfrentaban sus infractores.

Según afirmó Hitler poco después —justo tras la celebración de los Juegos Olímpicos de Berlín de 1936—, las nuevas leyes tenían como objetivo primordial buscar que los no ciudadanos (es decir, judíos y gitanos) abandonasen cuanto antes las fronteras del Reich.

Según los cálculos más recientes, en esos momentos había medio millón de judíos en Alemania y apenas unos 200 000 *Mischlingen* aunque, en su afán por atemorizar a sus compatriotas ante el peligro representado por éstos, las autoridades nazis afirmaron que su número llegaba a los 750 000. Desde el momento de su promulgación y hasta el estallido de la Segunda Guerra Mundial, unos 250 000 judíos y *Mischlingen* se vieron forzados a emigrar a Estados Unidos, Palestina, Gran Bretaña y otros países.

Los que se quedaron, como sabemos, sufrieron un destino aún más aciago una vez que la conferencia de Wannsee determinó la "solución final del problema judío", es decir, la exterminación total de los judíos europeos.

Pero no es necesario adelantarnos a ese momento. Quedémonos en esos oprobiosos meses que corrieron de 1936 a 1939 para compararlos con lo que sucede, *hoy*, en Estados Unidos.

En un desasosegante eco de lo que ocurre en nuestros días, muy pocos ciudadanos alemanes se opusieron con firmeza a las *Leyes de Núremberg*, ya fuese convencidos por la propaganda nazi que insistía en que los judíos pertenecían a otra raza (y por tanto no podían ser ciudadanos), bien porque se caracterizaba a los judíos en su conjunto como delincuentes (los *"bad* hombres" de entonces: criminales y violadores), o bien porque la Gestapo se encargaba de eliminar cualquier oposición.

Resulta absolutamente increíble constatar que un impulso semejante reine hoy en Washington, donde Donald Trump y sus secuaces han firmado regulaciones que recuerdan a las infames *Leyes de Núremberg*: normas destinadas a expulsar del país a los no ciudadanos (principalmente mexicanos y centroamericanos) sin tomar en cuenta sus derechos, rebajándolos a la condición que *Mischlingen* y judíos tenían en la Alemania nazi. Igual que entonces, miles de familias asentadas en aquel país desde hace años, que no han hecho más que emigrar en busca de una vida mejor, viven en el pánico ante las redadas y detenciones masivas anunciadas por un régimen que, con su decisión de contratar 15 000 nuevos agentes migratorios, aspira a convertirse en policíaco.

Pero lo más alarmante es que el resto del mundo —incluido el propio gobierno mexicano— no repare en el paralelismo y no denuncie con toda la energía posible y ante todas las instancias internacionales esta aproximación al fascismo que desprecia las vidas de millones y que, como entonces, usa todo su arsenal propagandístico para hacernos creer que los inmigrantes son "ilegales" o que su expulsión es un asunto de política interna en la que no debemos involucrarnos.

28

¿Qué puede hacer México para responder a Trump? ¿Se trata de una nación tan débil que debe conformarse con la humillación y el desdén cotidianos? ¿Que ha de soportar con impotencia las deportaciones, la construcción del Muro, la destrucción del TLCAN, la burla inclemente de sus dirigentes por parte del Rey Zanahoria? Aquí, una primera respuesta. En forma de fábula dickensiana.

"Era el mejor de los tiempos, era el peor de los tiempos, la edad de la sabiduría, y también de la locura; la época de las creencias y de la incredulidad; la era de la luz y de las tinieblas; la primavera de la esperanza y el invierno de la desesperación."

Valgámonos del célebre inicio de Dickens para retratar, de la manera más objetiva y aséptica posible, no la historia de dos ciudades, sino de dos naciones engarzadas por la fuerza.

La primera, la más extensa, es la mayor potencia del planeta: fundada por pioneros ingleses que buscaban la libertad de culto, separada de la metrópolis a fines del siglo XVIII y erigida desde entonces en la democracia más antigua del planeta. Una democracia que derivó en imperio —por ejemplo, al arrebatarle a su vecino del sur más de la mitad de su territorio— y, a partir del siglo XX, se asumió como guardián de la libertad al tiempo que imponía sus políticas y su modelo económico a medio mundo por las buenas o las malas.

Este gran país comparte dos mil kilómetros de frontera con su vecino: una nación más desdichada que, tras alcanzar su independencia a principios del siglo XIX, se enzarzó en un sinfín de levantamientos, asonadas y revueltas hasta que, a partir de la tercera década del siglo XX, consiguió una estabilidad admirable gracias a un partido hegemónico que se mantuvo en el poder hasta el año 2000. A partir del infausto 2006, esa aparente calma quedó hecha añicos cuando, inspirado o presionado por la nación del norte, uno de sus presidentes decidió emprender la "guerra contra el narco", la cual ha provocado unos 100 000 muertos y unos 30 000 o 40 000 desaparecidos: cifras de una guerra civil no declarada.

Hasta aquí, las dos naciones podrían ser vistas como antítesis: al norte, el mejor de los tiempos; al sur, el peor de los tiempos. Al norte, la edad de la sabiduría y de la luz; al sur, la edad de las tinieblas y la locura. Al norte, la esperanza; al sur, la desesperación.

A este esquema maniqueo habría que añadir un elemento adicional: aunque sus relaciones fueron siempre tirantes, desde los años noventa del siglo XX las dos naciones decidieron convertirse en aliadas. Una alianza económica y política que, pese a las resistencias de ambos lados, parecía destinada a beneficiarlas de manera más o menos equitativa.

Como en toda alianza, cada parte debió pagar algunos costos: la nación del norte perdió parte de su capacidad industrial y sus empleos ante la mano de obra barata de la sureña. El costo de la del sur, en cambio, ha sido más alto: una subordinación económica total y la obligación de combatir frontalmente a los narcotraficantes (que venden sus productos en el norte) sin importar las vidas humanas perdidas en la refriega. Aun así, la nación del sur se mostraba conforme con el pacto: crecimiento —y enriquecimiento de sus élites— a cambio de esta tutela económica y militar.

Todo cambió el día en el que, contra todo pronóstico y toda sensatez, los norteños eligieron como gobernante a un empresario que desde el primer día señaló a la nación del sur como su principal enemigo.

¿El motivo? Muy simple: necesitaba un enemigo y los inmigrantes sin papeles le quedaban a mano. Además, el demagogo prometió construir un Muro entre las dos naciones y romper sus acuerdos comerciales, al tiempo que humillaba a los líderes sureños con desparpajo. Desconcertados y paralizados, los sureños no han sabido reaccionar.

Una respuesta a la traición sería obvia: si el norte de pronto trata al sur como colonia, el sur tendría que replantear su sumisión incondicional, sobre todo respecto al combate contra el narco. Sin llevar las cosas al límite —porque el empresario es un demente y podría amenazar con una invasión—, la nación del sur debería revisar su política de drogas y, siguiendo el ejemplo de algunos estados del norte, iniciar el proceso para legalizar la mariguana.

Ésa sería la medida más firme y radical para responder al desdén del norte. Una medida que, además de reducir la violencia, le reintegraría su autonomía a la nación del sur.

¿Serán los sureños lo suficientemente astutos como para intentarlo?

29

Inicia el gobierno de Trump con un fiasco tras otro. Un caos inimaginable en una sociedad obsesionada con la eficacia. Un caos que a algunos los lleva a pensar en la inminente implosión de su administración. Y, a otros, en una estrategia que le permite estar siempre en el escenario.

Decía el chiste finisecular que, a inicios del siglo XXI, los países del Tercer Mundo no lograrían acercarse a los del Primero, sino que serían las democracias avanzadas las que terminarían cada vez más cerca de las naciones de Asia, África o América Latina. Con Trump, hoy Estados Unidos se está convirtiendo —si no es que lo ha hecho ya— en un lugar que recuerda asombrosamente a los regímenes autoritarios y un tanto caricaturescos que prevalecieron en medio mundo desde el fin de la Segunda Guerra Mundial hasta la caída de la Unión Soviética y que fueron tan ácidamente descritos por los novelistas del *Boom*.

Aunque los analistas insisten en calificar a Trump de "populista", a fin de acomodarlo en esa disímbola cuadrilla en la que caben desde Chávez hasta Le Pen —un batiburrillo que en nada contribuye al análisis de cada una de estas figuras—, en realidad se asemeja bastante más a los caudillos latinoamericanos que se impusieron en la región hasta hace muy poco. Tras sus primeros días de gobierno, marcados por los exabruptos que ya exhibía en campaña pero también por una desorganización e ineficacia inéditas en el sistema estadounidense, Trump en efecto remite a los protagonistas de *Tirano Banderas*; *El Gran Burundún-Burundá ha muerto*; *Yo, el Supremo*; *El recurso del método*; *El otoño del patriarca* o *La fiesta del Chivo* por sus dislates, obsesiones y manías, más propios de un millonario excéntrico que de un líder democrático.

Tan mesiánico como éstos, Trump no sólo insiste en llevar el excepcionalismo estadounidense hasta su límite, sino en presentarse no como un político sino como un empresario exitoso (aunque jamás haya revelado la verdadera magnitud de su riqueza), que sacará a Estados Unidos del "pantano" y lo hará grande "de nuevo". Para lograrlo, ha señalado un enemigo interno, la prensa, y dos externos, los "terroristas islámicos" y los mexicanos, a los cuales está dispuesto a echarles la culpa de la decadencia del país. Su intención es apartar a su patria del resto del mundo, despreciando incluso a sus aliados naturales, Gran Bretaña, Europa, Australia, para coquetear con sus enemigos históricos, en particular Rusia.

Otro elemento clave que lo asimila a los caudillos latinoamericanos, y que es prácticamente inédito entre los presidentes recientes, es la corrupción: no se trata sólo de que Trump sea un plutócrata, sino de que no le importa confundir su esfera privada y su esfera pública, al grado de no preocuparse por limitar sus conflictos de interés y de empeñarse en ni siquiera hacer públicas sus declaraciones de impuestos. Sus hijos, su yerno y sus seguidores más cercanos no hacen sino seguir su ejemplo, aprovechando todas las oportunidades para enriquecerse.

No es casual que en el discurso de Trump no aparezcan nunca las palabras "democracia", "república" o "derechos humanos": igual que el Doctor Francia o Trujillo, ha preferido inventarse una realidad alterna, solo habitada por los suyos, en la cual lo único que importa es abandonar la decadencia que le ha sido heredada para llegar a una nueva era de luz.

Pero la torpeza con que ha querido llevar a cabo su proyecto es inaudita: dos veces los jueces han paralizado sus órdenes ejecutivas para detener a los musulmanes; su asesor de seguridad ha debido renunciar por sus lazos con Rusia, que contaminan también a sus demás consejeros y a su yerno; sus mentiras han llegado al extremo de ser desmentidas por el director del FBI, a quien echó de su puesto impunemente; no consiguió siquiera los votos republicanos suficientes para cumplir una de sus mayores promesas de campaña, acabar con la Afordable Care Act (es decir, con el llamado *Obamacare*); y no hay coherencia alguna en sus restantes acciones políticas.

De seguir así, la administración Trump luce abocada al desastre o la parálisis interna, pero el desastre no debe ser considerado una buena noticia para sus detractores: en medio del caos, un caos en buena medida buscado (la táctica Bannon), la derecha continuará teniendo el poder para imponer buena parte de su agenda.

Porque la mayor desgracia es que, aún si su gobierno parece desarticulado y a punto del quiebre, no hay una figura en la oposición capaz de enfrentársele.

De modo que su caos continuará siendo el nuestro.

30

¿Y esto a mí en qué me concierne? Habiendo tantos y tan urgentes problemas al interior de nuestras propias fronteras —desigualdad extrema; una rampante impunidad derivada de un sistema de justicia en la quiebra; violencia incontenible, derivada de la irresponsable guerra contra el narco, que se ha cobrado decenas de miles de vidas; corrupción desbocada y lamentable impericia de nuestro propio gobierno—, ¿por qué tendría yo que preocuparme por Trump y los desmanes que comete a diario en Estados Unidos? ¿Qué me importan a mí sus ataques a la prensa, sus bravuconadas e insultos, su misoginia y su racismo, su odio a los musulmanes e incluso el Muro y sus ataques a los "sin papeles"? Por supuesto no deberíamos soslayar ni un segundo los gravísimos conflictos que vivimos aquí, al sur del Bravo, ni el triste papel que, en aras de una integración absoluta con Estados Unidos, hemos desempeñado como sus aliados incondicionales tanto en la lucha contra el narcotráfico como en la política migratoria que llevamos a cabo en nuestra frontera sur. Nuestro desafío principal ha de ser, sí, el combate a cada una de las taras antes mencionadas, pero ello no debe volvernos insensibles a lo que Trump y sus políticas representan para el mundo: en la actual división de poder global, sus decisiones afectan al orbe entero, y en primera instancia a México y a los mexicanos. Cada vez que pensemos en volver la cara, deberíamos pensar por un segundo en los millones de mexicanos —sí, millones— que hoy viven en Estados Unidos sumidos en el miedo y la zozobra ante la inminente expulsión de sus padres, sus hijos, sus parejas, sus parientes o amigos… De esos millones amenazados día con día, vilipendiados y estigmatizados,

que han sido desprovistos de cualquier derecho sólo por atreverse a cruzar la frontera en busca de una vida mejor.

Propongo, pues, este breve decálogo de acciones que pueden llevarse a cabo aquí, al sur del Bravo, desde la llamada sociedad civil:

1. Presionar por todos los medios al gobierno mexicano para que asuma públicamente su rechazo al Muro y no sólo a su construcción;

2. Presionar por todos los medios al gobierno mexicano para que asuma como una de sus prioridades la defensa de los derechos humanos y, en esa medida, de todos los "sin papeles", en particular de mexicanos y latinoamericanos en Estados Unidos;

3. Presionar por todos los medios al gobierno mexicano para que cambie su política migratoria en nuestra frontera sur y convierta en su prioridad la defensa de los migrantes centro y sudamericanos que se encuentran en nuestro territorio;

4. Presionar por todos los medios al gobierno mexicano para que finalice con las acciones que dieron lugar a la "guerra contra el narco" y revise drásticamente su política de drogas rumbo a una legalización paulatina de todas ellas que comience con la mariguana;

5. Presionar por todos los medios al gobierno mexicano para que eleve su voz en todos los foros internacionales contra las medidas racistas de Trump;

6. Presionar por todos los medios al gobierno mexicano para que emprenda nuevas alianzas políticas y comerciales

con otros países, comenzando por América Latina: ha llegado la hora de volver a mirar hacia el sur;

7. Presionar por todos los medios al gobierno mexicano para que, sumando todas las voces críticas, sin apelar a una inexistente "unidad nacional", haga pública una estrategia integral a corto, mediano y largo plazo para enfrentar la amenaza representada por Trump;

8. Presionar a los medios para que cuenten las historias particulares de los mexicanos expulsados de Estados Unidos: sólo entenderemos lo que han vivido si les permitimos que ellos mismos nos lo cuenten;

9. Presionar a los medios para que cuenten las historias particulares de los migrantes centro y sudamericanos que hoy viven en nuestro territorio: sólo entenderemos lo que han vivido si les permitimos que ellos mismos nos lo cuenten, y

10. Crear o sumarse a asociaciones que defiendan a los mexicanos sin papeles en Estados Unidos, a los mexicanos que han sido expulsados y regresan a nuestro país, y a los centro y sudamericanos sin papeles en México.

Epílogo

¿Terminará Trump su mandato?

¿Será objeto de un juicio de *impeachment* por obstruir a la justicia o por alguna otra violación a la ley?

¿Renunciará antes de que esto ocurra, harto de vivir en el pantano de Washington que no logró drenar como prometió?

Imposible saberlo.

Si este panfleto es *urgente* se debe a que el carácter atrabiliario e incorregible de Trump ha convertido la vida política estadounidense —y, por tanto, la de nuestro tiempo— en un magma imprevisible, impredecible.

En tanto siga en la Casa Blanca, el Rey Zanahoria continuará siendo quien es: un animador televisivo cuyo principal objetivo es conservar, a toda costa, los reflectores.

Habrá, de seguro, más salidas de tono, más *tuits* insultantes, más descalabros, más burlas y más contradicciones de su parte.

También, para nuestra desgracia, más violaciones a los derechos humanos, más racismo, más autoritarismo, más sexismo y más demagogia. Más posibilidades de guerra.

Mientras Trump permanezca en el poder, el *espectáculo* está asegurado.

Nota

La mayor parte de los textos de este panfleto aparecieron en las páginas del diario mexicano *Reforma*. Agradezco a Alejandro Junco, Lázaro Ríos y René Delgado por el espacio semanal que me han concedido desde 2011. Algunos artículos también aparecieron o fueron reproducidos por *El País, El Boomeran(g), Prodavinci, L'Obs, Il Corriere della Sera* y *Die Welt*.

Por un acuerdo entre el editor y el autor, las regalías de la primera edición de este panfleto serán destinadas al albergue Hermanos en el Camino, dirigido por el padre Alejandro Solalinde, cuya misión principal es la protección de los migrantes centroamericanos en México.

Contra Trump de Jorge Volpi
se terminó de imprimir en agosto de 2017
en los talleres de
Litográfica Ingramex, S.A. de C.V.
Centeno 162-1, Col. Granjas Esmeralda, C.P. 09810,
Ciudad de México.